Ökologische Nachhaltigkeit im E-Commerce

Mark Harwardt

Ökologische Nachhaltigkeit im E-Commerce

Grundlagen, Ansätze und
Handlungsempfehlungen

Mark Harwardt
Hochschule für angewandtes Management
Unna, Deutschland

ISBN 978-3-658-40260-0   ISBN 978-3-658-40261-7   (eBook)
https://doi.org/10.1007/978-3-658-40261-7

Die Deutsche Nationalbibliothek verzeichnet diese Publikation in der Deutschen Nationalbibliografie; detaillierte bibliografische Daten sind im Internet über http://dnb.d-nb.de abrufbar.

Planung/Lektorat: Ann-Kristin Wiegmann
Springer Gabler ist ein Imprint der eingetragenen Gesellschaft Springer Fachmedien Wiesbaden GmbH und ist ein Teil von Springer Nature.
Die Anschrift der Gesellschaft ist: Abraham-Lincoln-Str. 46, 65189 Wiesbaden, Germany

Vorwort

Ich komme aus dem Ruhrgebiet und habe den Vorteil, dass der namensgebende Fluss nicht unweit meines Wohnorts fließt. Wer sich jedoch im August 2022 einmal zur Ruhr begeben hat, der wird seinen Augen kaum getraut haben, so niedrig war der Wasserstand. Vom Rhein, immerhin der längste durch Deutschland fließende Fluss, werden zeitgleich historische Tiefstände gemeldet. Zwar sind niedrige Pegelstände im Jahresverlauf nicht ungewöhnlich, jedoch werden diese i. d. R. eher später im Jahr erreicht.

Die Liste solcher Phänomene, die dem Klimawandel zugeschrieben werden, lässt sich jedoch leider noch deutlich verlängern. So können beispielsweise noch folgende Phänomene beobachtet werden:

- Temperaturanstiege,
- Dürren,
- Waldbrände,
- Überschwemmungen,
- Unwetter,
- höhere Meerestemperaturen,
- Gletscherschmelzen,

- das Auftauen der Permafrostböden,
- schmelzende Polkappen und
- ein steigender Meeresspiegel.

Die Ursache hierfür ist schnell gefunden: Kein seriöser Wissenschaftler leugnet mittlerweile mehr die Zusammenhänge zwischen dem Klimawandel und dem menschlichen Handeln. Auch in weiten Teilen der Bevölkerung haben sich entsprechende Erkenntnisse durchgesetzt. Erschreckend sind jedoch zwei Überlegungen dazu:

1. Betrachtet man die Studie The Limits to Growth durch den Club of Rome aus dem Jahre 1972 als einen zentralen Meilenstein in der Nachhaltigkeitsdebatte, dann haben wir uns als Gesellschaft (gemeint sind damit Politik, Unternehmen und Konsumenten) in den letzten 50 Jahren dem Thema Nachhaltigkeit nur sehr oberflächlich zugewandt. Denn obwohl die Auswirkungen unseres Handels nicht nur in dieser Studie umfassend aufgezeigt wurden, haben wir „unseren" Planeten weiter ausgebeutet und geschädigt.
2. Wir alle spüren und sehen mittlerweile die Auswirkungen des Klimawandels – oder wir können uns zumindest nahezu täglich in den Medien darüber informieren. Dennoch hat man sehr oft nicht das Gefühl, als würde die Problematik wirklich ernstgenommen. Anders ist es nicht zu erklären, dass beispielsweise zum wiederholten Male wichtige Klimaschutzziele wie die Reduzierung der Emission von Treibhausgasen nicht erreicht werden.

Betrachtet man das Gesamtbild, das aktuell an vielen Stellen geboten wird, dann sollte jedem Betrachter schnell klar werden, dass ein „Weiter so" nicht ausreichen wird, um den Klimawandel mit seinen erschreckenden Auswirkungen zu stoppen. Nicht weniger als unsere Gesellschaft als Ganzes steht daher hier auf dem Prüfstand und muss eine Antwort auf die zentrale Frage in dieser Diskussion finden: Welche Welt möchte man den nachfolgenden Generationen überlassen?

Das bedeutet aber auch, dass jeder Einzelne seinen Beitrag leisten muss. Dies gilt aber nicht nur für Privatpersonen, sondern selbstredend auch für Unternehmen. In diesem Kontext wird auch oft der

E-Commerce kritisiert, da dieser durch sein stetiges Wachstum für ein erhöhtes Aufkommen an Paketen sorgt, die anschließend transportiert und ausgeliefert werden müssen. Entsprechend wird oftmals kritisiert, dass der E-Commerce für besonders hohe CO_2-Emissionen und Unmengen an Verpackungsmüll verantwortlich ist.

Auch wenn es ein wenig die Spannung nehmen wird, so kann schon einmal verraten werden, dass die CO_2-Bilanz des E-Commerce bei der Paketzustellung gar nicht so negativ ausfällt, wie viele Menschen annehmen. Das heißt aber dennoch nicht, dass es im E-Commerce keinen Handlungsbedarf im Sinne der ökologischen Nachhaltigkeit gibt – schließlich fallen z. B. immer noch Emissionen von Treibhausgasen an und es werden in der Tat große Mengen an Verpackungsmüll erzeugt.

Es soll jedoch auch klar gesagt werden: Dieses Buch möchte den E-Commerce weder brandmarken noch ihn verurteilen. Vielmehr geht es darum, dem Online-Handel die Möglichkeiten einer ökologisch-nachhaltigen Handlungsweise aufzuzeigen. Schließlich zählt jeder Beitrag und kann sich als wichtiges Puzzleteil im Sinne der ökologischen Nachhaltigkeit erweisen – mag er vielleicht auch noch so klein erscheinen. Wie so oft, wird auch hier die Summe der Anstrengungen den Ausschlag geben, welche Welt wir den nachfolgenden Generationen hinterlassen werden.

An dieser Stelle möchte ich mich selbstverständlich noch bedanken: Zunächst einmal möchte ich meiner Familie danken, dass sie meine umfangreiche Arbeit an diesem mir wichtigen Thema klaglos ertragen hat. Darüber hinaus geht mein Dank an meine Hochschule, die mir den Freiraum für solche Publikationen gewährt und mich dabei unterstützt – besonders in Person meiner Dekanin Frau Prof. Dr. Britta Salander. Abschließend möchte ich noch Frau Daniela Reisky erwähnen, die wichtige Impulse für diese Arbeit geliefert hat.

Unna   Mark Harwardt
August 2022

Inhaltsverzeichnis

1

Einleitung

Der E-Commerce steht immer wieder in der Kritik. Besonders oft wurde er in der Vergangenheit dafür kritisiert, die Konsumenten aus den stationären Geschäften fernzuhalten und so für das Aussterben des stationären Einzelhandels insbesondere in den Innenstädten verantwortlich zu sein. Dazu muss auf der einen Seite angemerkt werden, dass das umfassende E-Commerce-Angebot selbstverständlich bei vielen Konsumenten dazu geführt hat, dass sie gerade bei standardisierten Waren wie z. B. Büchern oder Haushaltsgeräten nicht mehr die stationären Einzelhandelsgeschäfte aufsuchen. Auf der anderen Seite muss aber ebenso festgehalten werden, dass viele Konsumenten mittlerweile den Online-Einkauf dem Einkauf in einem stationären Geschäft vorziehen, weil sie mit dem Angebot und dem Service in den stationären Geschäften nicht zufrieden sind. So sind viele Produkte oftmals nicht direkt verfügbar und die Beratungsqualität erweist sich vielfach als unzureichend. Zusätzlich liegt die Internetdurchdringung in Deutschland in den Altersgruppen bis 49 Jahre bei inzwischen 100 %, in der Gruppe der 60- bis 69-Jährigen bei auch schon 93 % (siehe Tab. 1.1). Die Internetnutzung ist somit ein fester Bestandteil des Alltags vieler Menschen in Deutschland geworden.

© Der/die Autor(en), exklusiv lizenziert an Springer Fachmedien Wiesbaden GmbH, ein Teil von Springer Nature 2023
M. Harwardt, *Ökologische Nachhaltigkeit im E-Commerce*,
https://doi.org/10.1007/978-3-658-40261-7_1

Tab. 1.1 Internetnutzer in Deutschland in Prozent. (Quelle: ARD/ZDF-Forschungskommission 2022a)

Alters-gruppen	2000	2003	2006	2009	2012	2015	2018	2019	2020	2021
14–19 Jahre	49	92	97	98	100	100	100	100	100	100
20–29 Jahre	55	82	87	95	99	98	100	100	100	100
30–39 Jahre	41	73	81	89	98	94	99	99	100	100
40–49 Jahre	32	67	72	80	89	92	98	98	100	100
50–59 Jahre	22	49	60	67	77	83	97	95	96	97
60–69 Jahre	8	20	29	39	63	67	82	85	93	93
ab 70 Jahren	1	5	11	16	20	38	65	58	75	77

Die Suche nach Lösungen

Leider kann jedoch beobachtet werden, dass viele stationäre Einzelhändler, unabhängig von ihrer Größe oder ihrem Sortimentsbereich, auf diese Herausforderungen keine passenden Antworten gefunden haben und mit veralteten Geschäftsmodellen agieren. Dadurch tragen sie letzten Endes selbst zur eigenen Abschaffung bei. Aufgrund dieser Erkenntnisse sind die Diskussionen um den E-Commerce als „Totengräber" des stationären Einzelhandels inzwischen sachlicher und auch seltener geworden.

Das heißt aber nicht, dass es keine Diskussionen mehr um den E-Commerce gibt. In Zeiten, in denen die Auswirkungen des menschlichen Handels auf die Natur für jeden selbst erlebbar oder zumindest in den Medien nachvollziehbar geworden sind, wird der E-Commerce oftmals mit neuen Kritikpunkten konfrontiert. Beispiele hierfür sind die Förderung unnötigen Konsums, die Verursachung eines erhöhten Verkehrsaufkommens und damit verbundenen CO_2-Emmissionen oder auch die Erzeugung von großen Mengen an Verpackungsmüll.

Die Retouren oftmals im Zentrum der Kritik

Insbesondere die große Anzahl an retournierten Artikeln wird häufig kritisiert, weil hier z. B. zusätzliche Transporte und CO_2-Emmissionen anfallen oder viele Retouren gar nicht erst wieder in das Sortiment aufgenommen, sondern einfach entsorgt werden. Sieht man sich die Gründe für die Retouren an, dann findet man hier sehr unterschiedliche Gründe, z. B. weil viele Produkte aus dem Bekleidungssortiment in nicht-passenden Größen bestellt werden oder die Produkte nicht den Beschreibungen im Webshop entsprechen (siehe Abb. 1.1). Allerdings werfen diese beiden Beispiele auch die Frage auf, ob Online-Händler hier nicht präventiv tätig werden können. Wird beispielsweise ein Artikel besonders oft aufgrund von nicht-passenden Größen retourniert, so könnten Größentabellen vielen Retouren vorbeugen, indem sie entsprechend den Körpermaßen die passenden Größen vorgeben.

Dieses einfache Beispiel verdeutlicht, dass es auch im E-Commerce Möglichkeiten gibt, im Sinne der ökologischen Nachhaltigkeit zu handeln und beispielsweise unnötige Transporte und auch anfallenden

Gründe für Bestellrücksendungen (Mehrfachauswahl)

Falsche Größen führen am häufigsten zur Rücksendung.

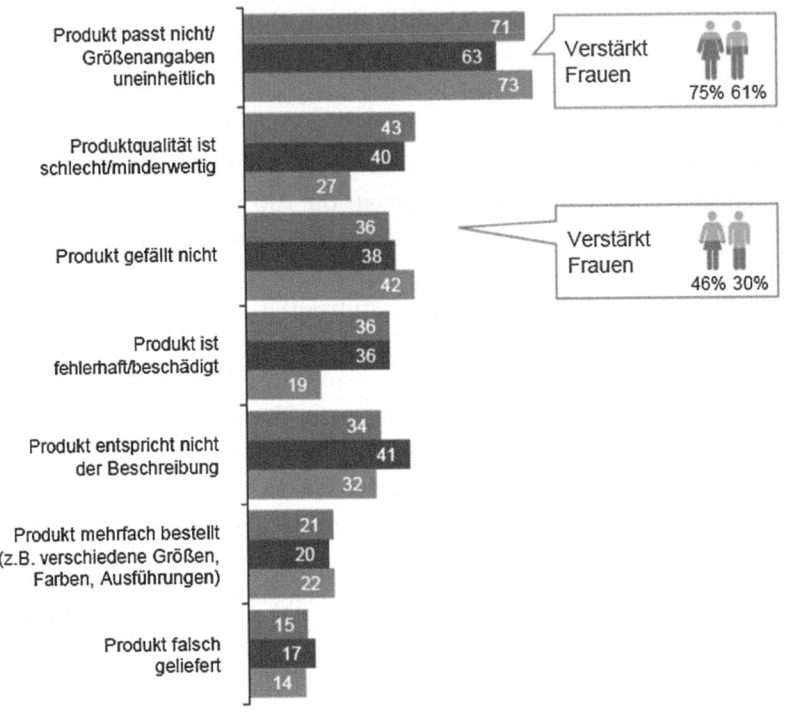

Abb. 1.1 Gründe für Retouren. (Quelle: KPMG 2021, S. 20)

Verpackungsmüll zu reduzieren. Dieses Fachbuch möchte daher unterschiedliche Ansätze präsentieren, wie der oft kritisierte E-Commerce zum Umweltschutz beitragen kann. Dabei stehen auch praktische Handlungsempfehlungen im Fokus, die direkt in den Unternehmen berücksichtigt oder zumindest diskutiert werden können.

2

Grundlagen E-Commerce

Damit die Möglichkeiten einer ökologisch-nachhaltigen Handlungsweise im E-Commerce genau dargelegt werden können, muss zunächst der Begriff des E-Commerce definiert und vom E-Business abgegrenzt werden. Aufgrund der großen Ähnlichkeit kann es hier schnell zu Verwechslungen kommen. Anschließend werden in diesem Kapitel die Betriebstypen des Online-Handels erläutert, bevor auf Webshops und elektronische Marktplätze als Kernelemente des E-Commerce eingegangen wird.

2.1 Definition E-Commerce

Wie bereits einleitend angekündigt wurde, existiert parallel zum Begriff E-Commerce der ähnlich klingende Begriff E-Business. Das E-Business als Kurzform von Electronic Business, oftmals auch Web-Business oder Internet-Business genannt, ist als Anwendungsbereich der Internetökonomie zu sehen. In der Literatur existieren viele unterschiedliche Definitionen, von denen drei oft zitierte hier aufgegriffen werden sollen:

„E-Business ist die Nutzung der Informationstechnologien für die Vorbereitung (Informationsphase), Verhandlung (Kommunikationsphase) und Durchführung (Transaktionsphase) von Geschäftsprozessen zwischen ökonomischen Partnern über innovative Kommunikationsnetzwerke (theoretische Sichtweise). E-Business ist die Nutzung von innovativen Informationstechnologien, um über den virtuellen Kontakt etwas zu verkaufen, Informationen anzubieten bzw. auszutauschen, dem Kunden eine umfassende Betreuung zu bieten und einen individuellen Kontakt mit den Marktteilnehmern zu ermöglichen (praxisorientierte Sichtweise)." (Kollmann 2019, S. 65)

„Electronic Business bedeutet Anbahnung, Vereinbarung und Abwicklung elektronischer Geschäftsprozesse, d. h. Leistungsaustausch zwischen Marktteilnehmern mit Hilfe öffentlicher oder privater Kommunikationsnetze (resp. Internet), zur Erzielung einer Wertschöpfung. Als Leistungsanbieter und Leistungsnachfrager können sowohl Unternehmen (Business), öffentliche Institutionen (Administration) wie private Konsumenten (Consumer oder Citizen) auftreten. Wichtig ist, dass die elektronische Geschäftsbeziehung einen Mehrwert schafft, sei dies in Form eines monetären oder eines immateriellen Beitrages." (Meier/Stormer 2012, S. 2)

„Unter dem Begriff Electronic Business wird die Anbahnung sowie die teilweise respektive vollständige Unterstützung, Abwicklung und Aufrechterhaltung von Leistungsaustauschprozessen zwischen ökonomischen Partnern mittels Informationstechnologie (elektronische Netze) verstanden." (Wirtz 2018, S. 23).

Auch wenn die Definitionen sich unterscheiden, so gibt es einige Gemeinsamkeiten. So wird in diesen Definitionen die Abwicklung elektronischer Geschäftsprozesse mithilfe digitaler Netzwerke respektive des Internets betont, die den beteiligten Partnern einen Mehrwert verschafft. Dieser Mehrwert kann materiell, aber auch immateriell sein. So bieten viele soziale Netzwerke wie beispielsweise Instagram oder Facebook ihren Mitgliedern eine Mitgliedschaft an, bei der die Mitglieder nicht mit Geld, aber mit ihren persönlichen Daten bezahlen.

Der E-Commerce als Teilbereich des E-Business
E-Commerce ist die Kurzform für Electronic Commerce und wird oftmals auch als Online-Handel bezeichnet. Beim E-Commerce, über den man häufig in den Medien lesen kann, handelt es sich um einen Teilbereich des E-Business. Im E-Commerce werden Geschäftsprozesse mithilfe elektronischer Netze unterstützt, deren Ziel der Handel mit elektronischen Waren ist. Auch hier finden sich viele unterschiedliche Definitionen in der Literatur, z. B.:

„Der Begriff E-Commerce wird häufig mit Synonymen wie Online-Handel, Internethandel, Onlineshopping, E-Retailing, Internetvertrieb oder Onlinevertrieb gleichgesetzt. Im Kern geht es um den elektronischen Handel mit Waren und Dienstleistungen, deren Transaktion, d. h. die Anbahnung, der Abschluss und die Abwicklung des Kaufs oder Verkaufs, über das Internet mithilfe interaktiver Informations- und Kommunikationstechnologien durchgeführt wird." (Deges 2020, S. 2)
„Mit dem Begriff ‚E-Commerce' wird die Nutzung von stationären Computer-Endgeräten als Informationstechnologie bezeichnet, um über Informations-, Kommunikations- und Transaktionsprozesse zwischen den Netzteilnehmern reale oder elektronische Waren und Dienstleistungen anzubieten und abzusetzen, wobei der tatsächliche Verkauf im Mittelpunkt steht." (Kollmann, 2019, S. 26)
„E-Commerce beinhaltet die elektronische Unterstützung von Aktivitäten, die in direkten Zusammenhang mit dem Kauf und Verkauf von Gütern und Dienstleistungen via elektronischer Netze stehen." (Wirtz 2018, S. 31)

Die weiteren Teilbereiche des E-Business
Neben dem E-Commerce existieren noch vier weitere Teilbereiche des E-Business, die wie der E-Commerce durch elektronische Netze unterstützt werden (siehe Abb. 2.1):[1]

- **E-Collaboration:** die intra- oder interorganisationale Zusammenarbeit,

---

[1] Wirtz 2018, S. 32 ff.

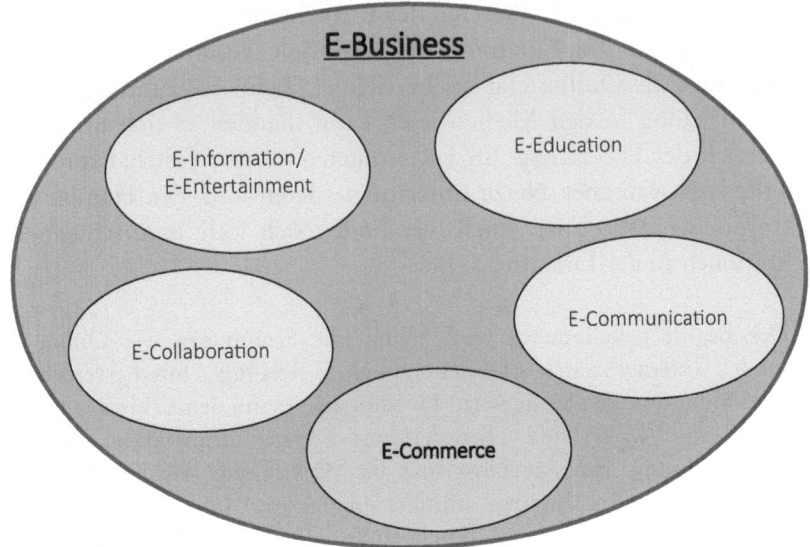

Abb. 2.1 Die Teilbereiche des E-Business. (Quelle: Eigene Darstellung in Anlehnung an Wirtz 2018, S. 14)

- **E-Communication:** die Nutzung und Bereitstellung von Kommunikationsmöglichkeiten,
- **E-Education:** Aus- und Weiterbildungsleistungen, sowie
- **E-Information/E-Education:** Bereitstellung von informierenden oder unterhaltenden Inhalten.

2.2   Betriebstypen im E-Commerce

In der Anfangszeit des E-Commerce wurden vor allem Waren über das Internet gekauft, die möglichst wenig Erklärung bedurften und einfach in der Abwicklung waren. Man denke in diesem Zusammenhang an Bücher, die weder (an-)probiert noch besonders anspruchsvoll verpackt oder transportiert werden müssen. Aufgrund immer

Tab. 2.1 Online-Umsätze nach Warengruppen. (Quelle: Bundesverband E-Commerce und Versandhandel Deutschland 2022)

Warengruppe	2020	2021	Veränderung (%)
Bekleidung	16.338	19.270	17,9
Elektronikartikel & Telekommunikation	14.697	16.444	11,9
Computer/Zubehör/Spiele/Software inkl. Downloads	6657	8213	23,4
Haushaltswaren & -geräte	5799	7280	25,6
Möbel, Lampen & Dekoration	5425	6564	21,0
Schuhe	4840	5455	12,7
Bücher/E-Books/Hörbücher	4073	4497	10,4
Hobby & Freizeitartikel	3691	4307	16,7
Bild- & Tonträger/Video & Music Downloads	3117	3679	18,0
Drogerie	2811	3733	32,8
Lebensmittel	2667	3923	47,1
DIY & Blumen	2591	3393	30,9
Auto & Motorrad/Zubehör	1718	1615	−6,0
Spielwaren	1671	2060	23,3
Haus- & Heimtextilien	1453	1748	20,3
Tierbedarf	1418	1748	23,3
Schmuck & Uhren	1217	1482	21,8
Medikamente	1213	1633	34,6
Sonstiges	957	1002	4,8
Bürobedarf	895	1051	17,5
Gesamt/Durchschnittliche Veränderung	**83.248**	**99.097**	**20,4**

besserer Darstellungs-, Verpackungs- und Transportmöglichkeiten hat sich das Bild mittlerweile deutlich gewandelt, sodass mittlerweile auch Produkte online verkauft werden, die noch vor einigen Jahren über das Internet als absolut unverkäuflich galten, z. B. Tiefkühllebensmittel. Standardisierte Warengruppen wie Bücher oder DVDs[2] bilden daher nur noch einen kleinen Teilbereich der online-verkauften Produkte ab (siehe Tab. 2.1).

---

[2] Natürlich darf hier nicht außer Acht gelassen werden, dass Bücher zunehmend durch E-Books und DVDs von Streaming-Angeboten substituiert werden.

Abb. 2.2 Betriebstypen des Online-Handels. (Quelle: Heinemann 2022, S. 171)

Die fünf Betriebstypen des E-Commerce

Grundsätzlich lassen sich im E-Commerce fünf verschiedene Betriebstypen unterschieden, die über das Internet ihre Waren verkaufen wollen (siehe Abb. 2.2):[3]

- **Pure-Online-Handel:** Unternehmen wie About You oder Zooplus können als Beispiele dieses Betriebstyps angesehen werden, da ihre Umsätze ausschließlich online über einen Webshop oder Online-Marktplätze erzielt werden. Der Pure-Online-Handel bietet gegenüber dem klassischen Handel den Vorteil, dass kein kapitalintensives stationäres Filialnetz aufgebaut werden muss. Dies macht diesen Betriebstyp besonders für Unternehmensgründungen interessant.
- **Kooperativer Online-Handel:** Vom Pure-Online-Handel ist der kooperative Online-Handel abzugrenzen, von dem Amazon ein typischer Vertreter ist: Partner bekommen i. d. R. gegen eine Gebühr

---

[3] Heinemann 2022, S. 171 ff.

Zugang zu dem Webshop eines anderen Unternehmens und können dann dort gegen Provision ihre Produkte und Dienstleistungen anbieten. Man spricht in diesem Kontext auch von einem Marktplatz-Modell, bei dem Anbieter und Nachfrager zusammengeführt werden.

- **Multi-Channel-Handel:** Grundlage dieses Betriebstyps ist der stationäre Handel, der nun um zusätzliche digitale Vertriebskanäle wie z. B. einen Webshop ergänzt wird. Modehändler wie H&M, aber auch Möbelunternehmen wie IKEA erzielen zwar nach wie vor den größten Teil ihres Umsatzes über ihr ausgedehntes Filialnetz, jedoch entwickelt sich der Online-Kanal zu einer immer bedeutenderen Säule des Geschäftsmodells. Viele Pure-Online-Händler wie z. B. Mister Spex gehen mittlerweile genau den genau umgekehrten Weg: Sie eröffnen vermehrt stationäre Ladengeschäfte, weil immer noch viele Menschen gern offline einkaufen und über Filialen deutliche bessere Service-Leistungen erbracht werden können, z. B. Beratung, Reparatur oder Umtausch.
- **Hybrider Online-Handel:** Der hybride Online-Handel hat sich aus dem klassischen Versand- oder Distanzhandel entwickelt, z. B. Katalogversender wie E.M.P. oder Manufactum. Diese verfügen über umfangreiche Erfahrungen in Bereichen wie beispielsweise Produktdarstellung in Katalogen, Lagerung und Versand und nutzen diese nun für den Online-Bereich. Es wird also im Vergleich zum Multi-Channel-Handel kein Kanal von Grund auf neu implementiert, sondern lediglich Vorhandenes auf einen zusätzlichen Kanal übertragen.
- **Vertikaler Online-Handel:** Hierbei wenden sich Hersteller, z. B. Adidas, Nike oder Lacoste, nun direkt selbst an die Endkonsumenten und verzichten somit auf die klassischen Absatzmittler wie den Groß- und Einzelhandel. Man spricht dabei auch von Vertikalisierung oder Direct-to-Consumer (D2C). Die Unternehmen haben dadurch Vorteile wie beispielsweise direkten Einfluss auf die Produktpräsentation, den direkten Kundenzugang oder auch deutlich höhere Margen.

2.3   Webshops und Marktplätze

Wie die verschiedenen Betriebstypen gezeigt haben, bilden Webshops und elektronische Marktplätze das Herzstück des Online-Handels. Durch den Verkauf über Webshops und elektronische Marktplätze können Unternehmen viele Probleme umgehen, die im realen Verkauf in Filialen existieren:[4]

- **Kapazitätsbegrenzungen:** In physischen Läden ist die Verkaufsfläche begrenzt. Der Verkäufer muss daher sehr genau überlegen, welche Produkte er in sein Sortiment aufnimmt und in seinem Laden präsentiert.
- **Marktbearbeitung:** In den klassischen Handelsstrukturen ist den Herstellern der Zugang zum Kunden erschwert, da der Verkauf über Groß- und Einzelhändler abgewickelt wird. Eine beidseitige direkte Kommunikation zwischen Hersteller und Endkunde ist somit oftmals nicht möglich, sodass eine effiziente und schnelle Marktbearbeitung aus Sicht der herstellenden Unternehmen nicht optimal erfolgen kann.
- **Marktanonymität:** Da den Herstellern in den klassischen Handelsstrukturen der Kontakt zum Endkunden verwehrt bleibt, können sie auch keine persönliche Beziehung aufbauen und Informationen über ihre Endkunden sammeln. Die Werbebotschaften der Hersteller werden daher nicht individuell, sondern gleichförmig an eine große Masse von Konsumenten versendet.
- **Intransparenz:** Diese Handelsstrukturen sind nicht nur für den Hersteller, sondern auch für den Konsumenten nicht optimal. So sind beispielsweise die Abläufe nach dem Verkauf oftmals sehr intransparent. Bei einer Beschwerde bleibt dem Endkunden i. d. R. nur der Gang zum Händler, weil er den Produzenten nicht erreichen kann oder ihn vielleicht auch gar nicht kennt. Auch einen vollständigen Marktüberblick kann der Endkunde sich nur schwer verschaffen, da er hierfür eine Vielzahl von Verkaufsläden aufsuchen müsste.

---

[4] Kollmann 2019, S. 260 f.

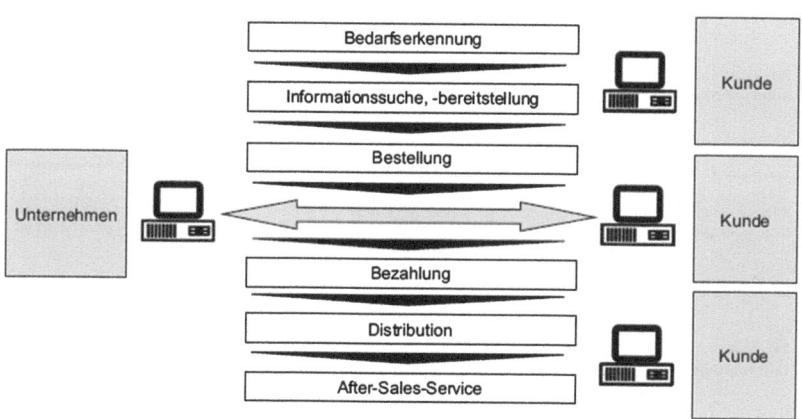

Abb. 2.3 Die Grundidee eines Webshops. (Quelle: Kollmann 2019, S. 259)

Grundidee eines Webshops
Mithilfe eines Webshops kann ein Unternehmen nun diese Probleme adressieren, indem er sein gesamtes Leistungsangebot direkt der jeweiligen Zielgruppe anbietet. Idealerweise unterstützt der Webshop dabei an vielen Stellen eine reibungslose Abwicklung der Transaktionen, um den Kunden einen möglichst einfachen Bestellprozess zu ermöglichen, z. B. durch Bereitstellung von Produktinformationen, bei der Bezahlung oder sogar bei der Auslieferung eines digitalen Gutes (siehe Abb. 2.3). Unternehmen können dabei auf zwei wesentliche Vorteile zurückgreifen: Zum einen sind die technischen Möglichkeiten zur Realisierung eines Webshops längst etabliert – und sie entwickeln sich kontinuierlich weiter, z. B. setzen in der jüngeren Vergangenheit einige Unternehmen verstärkt auf Augmented Reality, um die Produktdarstellung zu verbessern. Zum anderen ist der elektronische Handel bei den Endkunden längst akzeptiert.

Grundidee elektronischer Marktplätze
Eine weitere Option, die Probleme des klassischen Handels zu adressieren, sind elektronische Marktplätze. Zweck eines elektronischen Marktplatzes ist es, Anbieter und Nachfrager an einem virtuellen Ort miteinander zu verbinden und die Abwicklung von geschäftlichen Transaktionen mit digitalen Technologien zu unterstützen

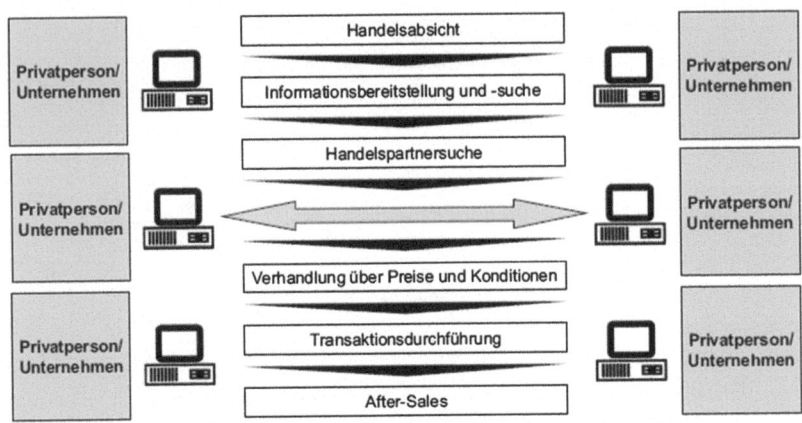

Abb. 2.4 Die Grundidee eines elektronischen Marktplatzes (Kollmann 2019, S. 496)

(siehe Abb. 2.4). Entsprechende Definitionen finden sich auch in der Literatur:

„Ein elektronischer Marktplatz ist eine Webseite zur Abwicklung geschäftlicher Transaktionen für Käufer und Verkäufer. Jeder Teilnehmer kann sich über seinen Internetzugang rund um die Uhr an sieben Tagen am Marktgeschehen beteiligen." (Abts und Mülder 2017, S. 324)

„Man kann also vereinfacht sagen, dass ein E-Marketplace der virtuelle Handelsraum eines Marktplatzbetreibers ist, den Anbieter und Nachfrager digital betreten können. Die Grundidee des elektronischen Handelsplatzes ist also gerade darin zu sehen, dass die Koordination von marktrelevanten Abläufen zwischen einem Anbieter (Unternehmen/ Privatperson) und einem Nachfrager (Unternehmen/Privatperson) über die mit Hilfe des Internets vernetzten Computer und den damit einhergehenden Rahmenbedingungen des elektronischen Informationsaustausches abgewickelt werden." (Kollmann 2019, S. 495).

„Darauf aufbauend wird ein elektronischer Marktplatz bzw. ein Online-Marktplatz zum Teil als konkrete Realisierungsform eines elektronischen Marktes unter Verwendung von Informations- und Kommunikationssystemen bezeichnet. Ein Online-Marktplatz ist u. a. dadurch charakterisiert, dass ein Intermediär die Infrastruktur für die Zusammenkunft von Anbietern und Nachfragern zur Verfügung stellt." (Lehmann 2019, S. 18).

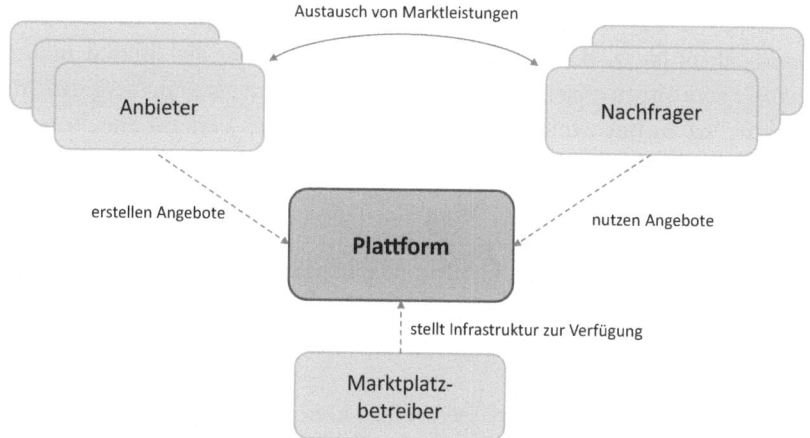

Abb. 2.5 Akteure eines Online-Marktplatzes (Lehmann 2019, S. 18)

Akteure eines Online-Marktplatzes

Elektronische Marktplätze werden auch als zweiseitige („two-sided")
oder auch mehrseitige („multi-sided") Marktplätze bezeichnet, da
sie zwei oder mehrere Gruppen von Akteuren zusammenführen.[5] In
der Regel handelt es sich dabei um die beiden Gruppen der Anbieter
und Nachfrager. Ein weiterer wesentlicher Akteur ist der Betreiber des
Marktplatzes (siehe Abb. 2.5). Dieser stellt die technologische Infrastruktur des elektronischen Marktplatzes zur Verfügung und koordiniert
das Zusammenspiel der Anbieter und Nachfrager, sodass z. B. die
Produkte und Dienstleistungen angemessen präsentiert und Transaktionen zwischen Anbieter und Nachfrager durchgeführt werden
können.

Idealerweise wird ein elektronischer Marktplatz durch jemanden
betrieben, der weder Anbieter noch Nachfrager ist. Dadurch würde der
Betreiber zu einer neutralen Instanz, die die Interessen der Anbieter
und Nachfrager gleichmäßig vertreten kann. Da der Betreiber keinen
Handel betreibt, spricht man auch von einem „true market maker".
Das Gegenteil bildet der „biased market maker", der neben seiner Rolle

---

[5] Dorfer 2016, S. 314.

als Betreiber des Marktplatzes auch als Anbieter oder Nachfrager auf diesem aktiv ist, z. B. Amazon. Agiert ein Betreiber als „biased market maker", so könnte er seine Stellung ausnutzen, um sich im Vergleich zur Konkurrenz zu bevorteilen, z. B. indem seine zum Verkauf angebotenen Produkte grundsätzlich an besonders aufmerksamkeitsstarken Plätzen aufzufinden sind.[6]

Ertragsmöglichkeiten von Online-Marktplätzen
Der Betreiber des Marktplatzes hat drei verschiedene Möglichkeiten, Erträge zu erwirtschaften. Als Beispiele sind hier zu nennen:[7]

1. **Zugangsgebühren:** Der Betreiber kann für den Zugang zum elektronischen Marktplatz Gebühren verlangen.
2. **Provisionen:** Auf vielen elektronischen Marktplätzen werden Provisionen bei abgeschlossen Transaktionen fällig.
3. **Einstellungsgebühren:** Der Betreiber verlangt pauschale Gebühren für das Einstellen von Angeboten oder Gesuchen.
4. **Werbung:** Aufgrund der oftmals sehr hohen Nutzerzahlen auf elektronischen Marktplätzen kann auch die Vermietung von Werbeflächen eine wichtige Einnahmequelle für den Marktplatzbetreiber darstellen.

---

[6] Deges 2020, S. 52.
[7] Lehmann 2019, S. 19; 40 f.

3

Nachhaltigkeit

Nachdem der E-Commerce im vorangegangenen Kapitel ausführlich beleuchtet wurde, soll sich dieses Kapitel dem Thema Nachhaltigkeit widmen. Dazu wird zunächst einmal der Begriff der Nachhaltigkeit definiert und verschiedene Modelle der Nachhaltigkeit exemplarisch vorgestellt. Anschließend wird aufgezeigt, wie Nachhaltigkeit als strategisches Instrument im Unternehmen eingesetzt werden kann und welche Kennzahlen zur Messung der ökologischen Nachhaltigkeit eingesetzt werden können. Das Kapitel schließt mit einem Überblick, wieso im E-Commerce ein Bedarf für ein ökologisch-nachhaltiges Handeln existiert.

3.1 Begriffsdefinition Nachhaltigkeit

Als die erste Erwähnung der Nachhaltigkeit in der Wissenschaft wird oftmals die Publikation Sylvicultura oeconomica des Oberberghauptmanns Hans Carl von Carlowitz angesehen. Dieser hatte die Aufgabe übertragen bekommen, eine dauerhafte Nutzung des Waldes für den Bergbau im Erzgebirge zu prüfen. In seiner Schrift empfahl er

M. Harwardt, *Ökologische Nachhaltigkeit im E-Commerce*, https://doi.org/10.1007/978-3-658-40261-7_3

dazu, dass nur so viel Holz geschlagen werden dürfe, wie anschließend auch nachwachsen kann.[1] Dies bezeichnete er als eine „nachhaltende Nutzung".[2]

The Limits to Growth

Als ein wesentlicher Auslöser der heutigen Nachhaltigkeitsdebatte gilt die 1972 veröffentliche Studie The Limits to Growth durch den Club of Rome (siehe Tab. 3.1). Bei dem Club of Rome handelt es sich um einen Zusammenschluss von Wissenschaftlern, Unternehmen und Politik, der mit dieser Studie die zunehmenden Umweltprobleme untersuchen wollte.[3] Mit Hilfe von Simulationen wurde versucht aufzuzeigen, welche globalen Auswirkungen z. B. die zunehmende Industrialisierung, das Bevölkerungswachstum oder die Ausbeutung der Rohstoffe zur Folge haben werden. Auch wenn die Studie nicht ohne Kritik blieb, so verankerte sich mit ihr ein Bewusstsein für die Endlichkeit der natürlichen Ressourcen und der Notwendigkeit umweltpolitischer Maßnahmen.[4]

Der Brundtland-Bericht

Einen weiteren Meilenstein der Nachhaltigkeitsdebatte stellt der im Jahr 1987 vorgestellte Bericht Our Common Future dar. Dieses ist das Ergebnis der UN-Kommission World Commission on Environment and Development (WCED), die im Jahr 1983 ihre Arbeit unter der Führung der norwegischen Ministerpräsidentin Gro Harlem Brundtland aufgenommen hatte. Dieser sogenannte Brundtland-Bericht definiert nachhaltige Entwicklung wie folgt:

> „Sustainable development is development that meets the needs of the present without compromising the ability of future generations to meet their own needs. It contains within it two key concepts:

---

[1] Kropp 2019, S. 7.
[2] von Carlowitz 1713, S. 105.
[3] Zimmermann 2016, S. 4.
[4] Mayer 2017, S. 2.

Tab. 3.1 Meilensteine der Nachhaltigkeitsdebatte. (Quelle: Mayer 2017, S. 3)

Jahr	Meilenstein
1972	Veröffentlichung des Berichts The Limits to Growth durch den Club of Rome. Grundlage für den Bericht ist eine Computersimulation, die das exponentielle Wachstum der Weltwirtschaft und Weltbevölkerung bei begrenzten Ressourcen aufzeigt
1972	1. UN-Umweltkonferenz in Stockholm
1983	Einrichtung der UN-Kommission: World Commission on Environment and Development (WCED) Ziel: kurzfristige Verbesserung des Wohlergehens, ohne die lokale und globale Umwelt langfristig zu gefährden
1987	Die Brundtland-Kommission legt ihren Abschlussbericht Our Common Future vor Erstmalige Festschreibung des Nachhaltigkeitskonzeptes als entscheidender Gradmesser für die Gestaltung der Zukunft
1992	The Earth Summit – UN-Konferenz in Rio de Janeiro Die Abschlussdeklaration der Konferenz: Rio Declaration on Environment and Development dient als Grundlage vieler weiterer Vereinbarungen und Abkommen u. a. United Nations Framework Convention on Climate Change (UNFCCC) und ist der Beginn der Agenda-21-Prozesse, ein Leitpapier für ein entwicklungs- und umweltpolitisches Aktionsprogramm
1997	Verabschiedung des Kyoto Protokolls zur Reduktion von Treibhausgasemissionen
2002	The World Summit on Sustainable Development – Weltgipfel der UN in Johannesburg mit der Verabschiedung nationaler Nachhaltigkeitsstrategien Die Vereinten Nationen setzen sich Millenniumsentwicklungsziele (MDG), die 191 Staaten unterzeichnen. Bis 2015 sollen extreme Armut und Hunger beseitigt, Schulbildung für alle Kinder gesichert und ökologische Nachhaltigkeit gewährleistet sein
2005	Das Ergebnisdokument des World Summit in New York City prägt die Formulierung von drei „interdependent and mutually reinforcing pillars" nachhaltiger Entwicklung nämlich einer gerechten ökologischen, wirtschaftlichen und sozialen Entwicklung Inkrafttreten des Kyoto Protokolls zur Reduktion von Treibhausgasemissionen im Zeitraum 2008–2012
2015	Vereinbarung neue politischer Ziele nachhaltiger Entwicklung (Sustainable Development Goals – SDGs) zur Sicherung einer nachhaltigen Entwicklung auf ökonomischer, sozialer sowie ökologischer Ebene. Die SDGs sollen zwischen 2016–2030 umgesetzt werden und gelten für alle Staaten

(Fortsetzung)

Tab. 3.1 (Fortsetzung)

Jahr	Meilenstein
2015	Verabschiedung des Nachfolgeabkommens zum Kyoto-Protokoll auf der UN-Klimakonferenz in Paris 2015 (COP 21) mit verbindlichen Klimazielen für alle 194 Mitgliedsstaaten der UN-Klimarahmenkonvention Ziele: Erderwärmung auf weniger als 2 Grad Celsius begrenzen; Globalen Netto-Treibhausgasemissionen in der zweiten Hälfte des 21. Jahrhunderts auf null reduzieren; Finanzhilfen für Entwicklungsländer bereitstellen

– the concept of 'needs', in particular the essential needs of the world's poor, to which overriding priority should be given; and – the idea of limitations imposed by the state of technology and social organization on the environment's ability to meet present and future needs." (World Commission on Environment and Development 1987, Kap. 2, S. 1)

Damit verfolgt diese Definition der nachhaltigen Entwicklung einen intergenerationellen Ansatz, da die Bedürfnisbefriedigung der aktuellen Generation nur in dem Ausmaß stattfinden kann, indem die nachfolgenden Generationen nicht in ihrer eigenen Bedürfnisbefriedigung eingeschränkt werden. Darüber hinaus wird in dem Bericht auch die Armut in der Dritten Welt als eine der Hauptursachen für die Umweltbelastung angesehen. Die Definition der nachhaltigen Entwicklung fand schnell Verbreitung in der Fachliteratur. Auch wenn der Nachhaltigkeitsbegriff immer noch abstrakt erscheint, so wurde auch mithilfe des Brundtland Berichts deutlich, dass Nachhaltigkeit die drei Dimensionen Ökologie, Ökonomie und Soziales vereint.[5] Der heutige oft verwendete Begriff der Nachhaltigkeit wird entsprechend oft als verantwortungsvolles und ressourcenbewahrendes zukunftsorientiertes Verhalten verstanden.[6]

---

[5] Zimmermann 2016, S. 4 f.
[6] Schellinger et al. 2019, S. 1.

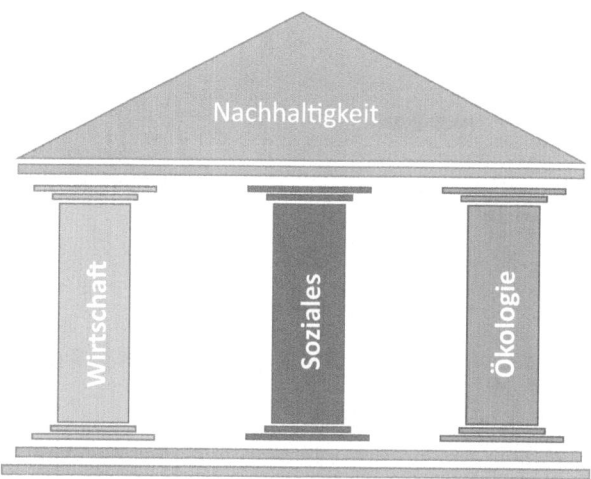

Abb. 3.1 Drei-Säulen-Modell der Nachhaltigkeit. (Quelle: Eigene Darstellung nach Vieweg 2019, S. 27)

Das Drei-Säulen-Modell der Nachhaltigkeit

Folgt man dem Brundtland Bericht und definiert Nachhaltigkeit als ein Konstrukt, das aus den drei Dimensionen wirtschaftliche Nachhaltigkeit, soziale Nachhaltigkeit und ökologische Nachhaltigkeit besteht, so kann man dies in Form eines Drei-Säulen-Modells visualisieren: Bei diesem Modell wird die Nachhaltigkeit als Dach skizziert, das durch die drei Säulen Wirtschaft, Soziales und Ökologie getragen wird (siehe Abb. 3.1). Das Dach stürzt ein, sobald eine Säule schwächelt oder gar nicht erst vorhanden ist. Auch wenn die Säulen gleichwertig sein sollen, so ergibt sich jedoch aus der bei uns üblichen Leserichtung von links nach rechts eine Hierarchie, bei der der wirtschaftlichen Dimension die höchste Bedeutung beigemessen wird.[7]

Das Modell der drei Säulen wird jedoch auch kritisiert, weil das Modell suggeriert, dass das Dach auch getragen werden kann, wenn nur zwei der Säulen vorhanden sind.[8] Es haben sich daher auch

---

[7] Vieweg 2019, S. 26 f.
[8] Kropp 2019, S. 12.

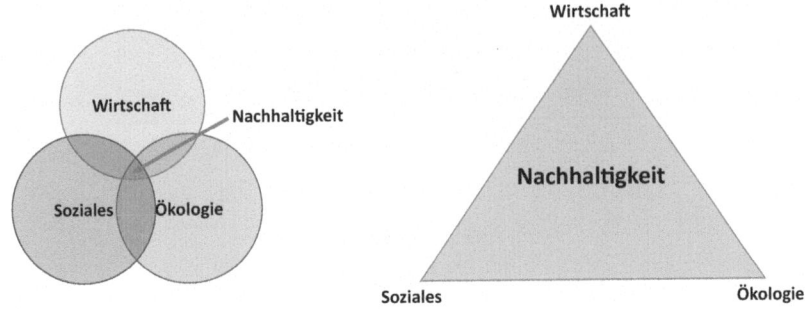

Abb. 3.2 Weitere Diagramme der Nachhaltigkeit. (Quelle: Eigene Darstellung nach Vieweg 2019, 28 ff.)

alternative Modelle entwickelt, wie beispielsweise das Venn-Diagramm der Nachhaltigkeit, bei dem Nachhaltigkeit als Schnittmenge der drei Dimensionen angesehen wird (siehe Abb. 3.2). Auch diese Darstellungen sind jedoch nicht ohne Kritik geblieben, z. B. weil auch in diesen die Wirtschaft höhergestellt scheint.[9]

Ökologische Nachhaltigkeit

Unter ökologischer Nachhaltigkeit wird die Fähigkeit biologischer Systeme verstanden, ihre Funktionen und Prozesse dauerhaft aufrecht zu erhalten. Das bedeutet, „dass erneuerbare Ressourcen in dem Maße genutzt, Verschmutzung generiert und nichterneuerbare Ressourcen abgebaut werden, sodass dies unbegrenzt fortgesetzt werden kann."[10] Obwohl der Mensch ohne einen qualitativen und quantitativen intakten Zustand eines Ökosystems nicht überlebensfähig ist, so sind menschliche Aktivitäten die Ursache für eine ökologische Degradation, einer Verschlechterung der Beschaffenheit eines ökologischen Umfelds. Dies geschieht beispielsweise durch den Abbau knapper Rohstoffe, erhöhten Emissionen von Treibhausgasen und der Landschaftsumwandlung sowie Bodenversiegelung. Dabei zeigt sich, dass die Degradation in hoher Geschwindigkeit voranschreitet und gravierende

---

[9] Vieweg 2019, 28 ff.
[10] Blind/Quitzow 2017, S. 18.

Auswirkungen wie das Schmelzen der Pole aufgrund der Klimaerwärmung oder auch eine zunehmende Austrocknung des Bodens zu beobachten sind.[11]

Wirtschaftliche Nachhaltigkeit
Die wirtschaftliche Nachhaltigkeit, oft auch ökonomische Nachhaltigkeit genannt, beschreibt Wirtschaftssysteme, die innerhalb der ökologischen Grenzen dauerhaft bestehen können. Dies kann in einer Welt endlicher Ressourcen nur möglich sein, wenn permanentes und unbegrenztes Wachstum in diesem Wirtschaftssystem als nicht erreichbar angesehen wird. Nachhaltiges Wirtschaften bedeutet daher, keine Ressourcen auszubeuten, keine Schulden anzuhäufen und keine irreparablen Schäden zu verursachen.[12] Als Ziel der wirtschaftlichen Nachhaltigkeit kann dabei die Stärkung der Wirtschaftskraft und zeitgleich die Aufrechterhaltung einer gewünschten Lebensqualität auf Nachfragerseite angesehen werden. Eine gestärkte Wirtschaftskraft ist förderbar durch eine positive Entwicklung von Innovationen, Anlageninvestitionen, der Arbeitsproduktivität sowie den Ausgaben für Forschung und Entwicklung. Im Kontext der ökologischen Nachhaltigkeit ist dafür ein Überdenken nicht nachhaltiger Produktionsweisen und Lebensstile nötig.[13]

In diesem Zusammenhang soll kurz auf die Wachstumstheorie eingegangen werden: Die Kernaussage der klassischen ökonomischen Wachstumstheorie ist, dass langfristig eine Steigerung des Pro-Kopf-Wachstums nur durch den entsprechenden technischen Fortschritt möglich ist. Erweist sich dieser Fortschritt als kapital- und arbeitsvermehrend, während die Produktivität des natürlichen Kapitals nicht angemessen mitansteigt, dann kommt es zu einer Überbelastung der natürlichen Ressourcen.[14] Technischer Fortschritt und wirtschaftliches Wachstum werden gemäß des Brundtland-Berichts auch als besonders

---

[11] Pufé 2017, S. 101.
[12] Kropp 2019, S. 11 f.
[13] Hauff 2014, S. 34.
[14] Pufé 2017, S. 101.

relevant bei der Bekämpfung der Armut angesehen. Auch eine gerechtere Einkommensverteilung oder eine positive Beschäftigungslage werden damit assoziiert. Eine Lösung kann somit in einem umweltorientierten technischen Fortschritt liegen, der Wachstum und Überbelastung der natürlichen Ressourcen voneinander entkoppelt. Auf Nachfrageseite zeigt sich, dass ein stetiges Wirtschaftswachstum, gemessen am Pro-Kopf-Einkommen, sich nicht immer positiv auf das Wohlbefinden der Bürger auswirkt: Zum einen profitieren meist nicht alle Bevölkerungsschichten von einem steigenden Pro-Kopf-Einkommen, zum anderen können sich auch ökologisch-negative Ereignisse positiv auf das Pro-Kopf-Einkommen auswirken, z. B. durch notwendige Arbeiten nach einer Umweltkatastrophe wie der Flut im Ahrtal. Die Lebensqualität, deren Aufrechterhaltung als eines der Ziele der ökonomischen Nachhaltigkeit gilt, sollte daher nicht mit dem Pro-Kopf-Einkommen gleichgesetzt werden. Aus diesen Gründen wird auch in diesem Kontext vermehrt ein nachhaltiges oder auch qualitatives Wachstum gefordert.[15]

Soziale Nachhaltigkeit
Die soziale Nachhaltigkeit beschäftigt sich mit der Fragestellung, wie heute und in Zukunft weltweiter Wohlstand und Frieden erreicht werden können.[16] Die menschlichen Bedürfnisse können dabei als Kern sozialer Nachhaltigkeit betrachtet werden.[17] Im Zentrum der Betrachtung stehen dabei oftmals die weltweite Einkommensverteilung und ein menschenwürdiges Leben. Die soziale Nachhaltigkeit wendet sich daher u. a. Fragen von Chancengleichheit, Arbeit, Rollen in der Gesellschaft, Einfluss, Wahlmöglichkeiten oder der Verteilung der gesellschaftlichen Belastung zu. Dabei werden oftmals vier Ebenen der sozialen Nachhaltigkeit diskutiert:[18]

---

[15] Hauff 2014, S. 34 f.
[16] Kropp 2019, S. 11.
[17] Zimmermann/Angel 2016, S. 61.
[18] Zimmermann 2016, S. 14.

- **Integration:** Vernetzung und Anerkennung kultureller Unterschiede statt Ausgrenzung,
- **Dauerhaftigkeit:** Sicherung des sozialen Friedens und des Rechtes auf Bildung, auf Sicherheit sowie Risikovermeidung,
- **Verteilungsgerechtigkeit:** Soziale Gerechtigkeit innerhalb der Generationen (national zwischen Arm und Reich, als auch international zwischen den Industrie- und Entwicklungsländern) und zwischen den Generationen (Altersversorgung, Familienunterstützung)
- **Partizipation:** Forderung nach Mitsprache und Mitentscheidung aller Mitglieder der Gesellschaft

3.2 Ökologische Nachhaltigkeit als strategisches Instrument

Viele E-Commerce-Unternehmen setzen mittlerweile auch auf die ökologische Nachhaltigkeit, wenn sie ihre Ziele formulieren und entsprechende Strategien zur Zielerreichung ableiten. Diese Unternehmen haben erkannt, dass die ökologische Nachhaltigkeit auch dafür genutzt werden kann, um sich gegenüber der Konkurrenz strategische Wettbewerbsvorteile zu erarbeiten. Um diesen Sachverhalt zu verdeutlichen kann auf das Fünf-Stufenmodell der ökologischen Nachhaltigkeit zurückgegriffen werden (siehe Abb. 3.3). Bei diesem Stufenmodell gilt, je höher eine Stufe ist, desto mehr sind die ökologischen Zielsetzungen darauf ausgerichtet, einen strategischen Wettbewerbsvorteil zu generieren.[19] Es gilt zusätzlich, dass auf der unteren Stufe das unternehmerische Handeln eher gesetzlich getrieben ist, während auf den höheren Stufen die Unternehmen die ökologischen Aktivitäten als Chancen betrachten.[20]

---

[19] Horváth et al. 2012, S. 47.
[20] Wunder/Bausch 2014, S. 47.

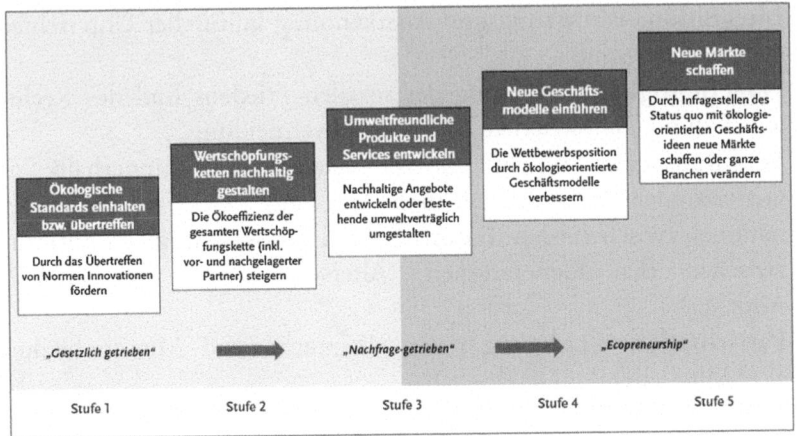

Abb. 3.3 Das Fünf-Stufenmodell der Nachhaltigkeit (Wunder/Bausch 2014, S. 47)

Die erste Stufe ist gekennzeichnet durch das Übertreffen ökologischer Standards, was sich als förderlich für Innovationen erweisen kann.[21] Übertragen auf E-Commerce-Unternehmen würde dies bedeuten, dass die Unternehmen beispielsweise mit Blick auf ihre Transportprozesse eigene ökologische Impulse kreieren oder die Innovationen anderer Unternehmen aufgreifen, um die gesetzlichen Vorgaben zu übertreffen. Ein Beispiel hierfür wäre die Entwicklung eines neuartigen klimaneutralen Transportmittels zur Auslieferung von Ware an die Endkunden.

Auf der zweiten Stufe steht die nachhaltige Gestaltung der Wertschöpfungskette einschließlich externer Partner und Zulieferer im Fokus. Dabei konzentriert das Unternehmen sich auf die stetige Verbesserung der Ökoeffizienz entlang der seiner Wertschöpfungskette.[22] Für Online-Händler umfasst dies sämtliche Tätigkeiten wie z. B. Materialbeschaffung, Produktion, Lagerung, Verpackung und Transport, aber auch den Betrieb des Rechenzentrums, in dem der Webshop

---

[21] Schrader/Vollmar 2013, S. 13 ff.
[22] Wunder/Bausch 2014, S. 47 f.

gehostet wird. Die Wertschöpfungskette ist so zu gestalten, dass knappe Ressourcen nur im nötigen Umfang genutzt und die Emissionen auf ein Minimum reduziert werden. Dazu gehört auch die Reduktion der Produktion und der Nutzung schädlicher Stoffe, wie z. B. Plastik. Die Entwicklung von umweltfreundlichen Produkten und Services sind in der dritten Stufe von Bedeutung. Dabei gilt es nachhaltige Angebote zu entwerfen oder bereits bestehende umweltfreundlich umzugestalten. Diese Stufe ist nachfragegetrieben, da sie den aktuellen Trends entspricht, bei denen Nachfrager mittlerweile klare Präferenzen bezüglich ökologisch-nachhaltiger Angebote entwickeln.[23] Dabei müssen Hersteller und Händler darauf achten, dass Transparenzketten zur Nachvollziehbarkeit des Bezugs, der Zusammensetzung und der Verarbeitung von Produkten erschaffen werden. Ein Beispiel für die nachhaltige Gestaltung eines bestehenden Produkts findet sich bei vielen Textilherstellern wieder. So lässt sich die Fertigung von Kleidungsstücken auf alternative Fasern und Stoffe wie beispielsweise recycelter Polyester oder biologisch abbaubare Materialien wie z. B. Baumwolle anteilig oder komplett umstellen.

Nachhaltigkeit als Treiber ökologieorientierter Geschäftsmodelle

Die vierte Stufe steht für die Einführung von neuen, nachhaltigen Geschäftsmodellen. Dabei ist es das Ziel, die eigene Wettbewerbsposition durch ökologieorientierte Geschäftsmodelle zu verbessern.[24] Für E-Commerce-Unternehmen hat dies zur Folge, dass bestehende Denkweisen hinterfragt und letzten Endes auch abgelegt werden müssen. Ein Beispiel hierfür sind Unternehmen, die Produkte, die man im Haushalt eher seltener benötigt wie beispielsweise Spezialwerkzeuge, nicht mehr verkaufen, sondern diese nur noch zur Vermietung anbietet. Somit müssen insgesamt weniger Werkzeuge produziert werden.

Die fünfte Stufe steht für das Erschaffen neuer Märkte. Damit ist beabsichtigt, durch die Infragestellung des bisherigen Status mittels ökologieorientierten Geschäftsideen neue Märkte zu schaffen oder

---

[23] Horváth et al. 2012, S. 46 f.
[24] Wunder/Bausch 2014, S. 47.

gesamte Branchen zu verändern.[25] Ein Beispiel hierfür können spezielle Marktplätze sein, auf denen Konsumenten und Unternehmen ausschließlich ökologisch-nachhaltige Produkte verkaufen können. Wächst der Trend wie bisher stetig an, könnten solche Angebote massiven Zulauf erhalten und große Auswirkungen auf den etablierten Online-Handel haben.

3.3   Kennzahlen ökologischer Nachhaltigkeit

Unternehmen nutzen unterschiedlichste und oftmals auch selbst ausgewählte Kennzahlen, um über ihre ökologischen Anstrengungen zu berichten. Auch wenn dies grundsätzlich zu begrüßen ist, so führt dies nicht zu bestmöglicher Transparenz und Vergleichbarkeit. Viele große Unternehmen greifen daher auf die Kennzahlen zurück, die in den Leitlinien der Global Reporting Initiative (GRI) zur Erstellung von Nachhaltigkeitsberichten vorgesehen sind.[26] Diese Nachhaltigkeitsberichte stellen vom Unternehmen freiwillig veröffentlichte, nicht-finanzielle Berichterstattungen dar, die die gesellschaftlichen und ökologischen Auswirkungen ihres Kerngeschäfts sowie das unternehmerische Engagement abbilden.[27]

Die Erfassung der ökologischen Auswirkung unternehmerischer Aktivitäten
Die Leitlinien der GRI „bieten Berichterstattungsgrundsätze, Standardangaben und eine Umsetzungsanleitung zur Erstellung von Nachhaltigkeitsberichten für alle Organisationen, unabhängig von Größe, Branche oder Standort".[28] Die Leitlinien sehen dabei vor, die ökologischen

---

[25] Schader/Vollmar 2013, S. 14 f.
[26] Sailer 2020, S. 196 f.
[27] Bundesverband der Deutschen Industrie 2014, S. 8.
[28] Global Reporting Initiative 2015, S. 5.

Auswirkungen eines Unternehmens anhand von zwölf verschiedenen Aspekten zu erfassen:[29]

1. Materialien
2. Energie
3. Wasser
4. Biodiversität
5. Emissionen
6. Abwasser und Abfall
7. Produkte und Dienstleistungen
8. Compliance
9. Transport
10. Insgesamt
11. Bewertung der Lieferanten hinsichtlich ökologischer Aspekte
12. Beschwerdeverfahren hinsichtlich ökologischer Aspekte

Zu jedem Aspekt werden in den Leitlinien verschiedene Indikatoren angegeben, die eine genauere Bewertung der unternehmerischen Leistungen auf diesem Teilgebiet ermöglichen sollen (siehe Tab. 3.2). Während einige Indikatoren intuitiv wenig Rückschlüsse auf Fortschritte und Anstrengungen mit Blick auf die ökologische Nachhaltigkeit bieten, so liefern einige Indikatoren durchaus interessante Einblicke, z. B. Verringerung des Energieverbrauchs, Prozentsatz und Gesamtvolumen des aufbereiteten und wiederverwendeten Wassers oder Reduzierung der Treibhausgas-Emissionen.

Die zehn Berichterstattungsgrundsätze der GRI
Zur Erreichung von Transparenz bei der Nachhaltigkeitsberichterstattung schlägt das GRI zehn Berichterstattungsgrundsätze vor, die von den Organisationen bei der Erstellung ihres Berichts eingehalten werden sollen. Diese Grundsätze sind in die zwei Gruppen Grundsätze zur Bestimmung der Berichtsinhalte und Grundsätze zur Bestimmung der Berichtsqualität unterteilt (siehe Tab. 3.3). Während die Grund-

---

[29] Global Reporting Initiative 2015, S. 9.

Tab. 3.2 Kennzahlen ökologischer Nachhaltigkeit. (Quelle: Eigene Darstellung in Anlehnung an Global Reporting Initiative 2015, S. 52–63)

Ökologisches Kriterium	Beispiele
Materialien	• Eingesetzte Materialien nach Gewicht oder Volumen • Anteil der Sekundärrohstoffe am Gesamtmaterialeinsatz
Energie	• Energieverbrauch innerhalb der Organisation • Energieverbrauch außerhalb der Organisation • Energieintensität • Verringerung des Energieverbrauchs • Senkung des Energiebedarfs für Produkte und Dienstleistungen
Wasser	• Gesamtwasserentnahme nach Quelle • Durch die Wasserquelle wesentlich beeinträchtigte Wasserquellen • Prozentsatz und Gesamtvolumen des aufbereiteten und wiederverwendeten Wassers
Biodiversität	• Eigene und gemietete Standorte oder Betriebe in oder angrenzend an Schutzgebiete und Gebieten mit hohem Biodiversitätswert außerhalb von Schutzgebieten • Beschreibung erheblicher Auswirkungen von Geschäftstätigkeiten, Produkten und Dienstleistungen auf die Biodiversität in Schutzgebieten und Gebieten mit hohem Biodiversitätswert außerhalb von Schutzgebieten • Geschütze und renaturierte Lebensräume • Gesamtzahl der gefährdeten Arten auf der roten Liste der Weltnaturschutzunion (IUCN) und auf nationalen geschützten Listen, die ihren Lebensraum in Gebieten haben, die von der Geschäftstätigkeit der Organisation betroffen sind, nach Gefährdungskategorie
Emissionen	• Direkte Treibhausgas (THG)-Emissionen • Indirekte energiebezogene THG-Emissionen • Weitere indirekte THG-Emissionen • Intensität der THG-Emissionen • Reduzierung der THG-Emissionen • Emissionen Ozon-abbauender Stoffe • NO_x, SO_x und andere signifikante Luftemissionen

(Fortsetzung)

Tab. 3.2 (Fortsetzung)

Ökologisches Kriterium	Beispiele
Abwasser und Abfall	• Gesamtvolumen der Abwassereinleitung nach Qualität und Einleitungsort • Gesamtgewicht des Abfalls nach Art und Entsorgungsmethode • Gesamtzahl und -volumen signifikanter Verschmutzungen • Gewicht des transportierten, importierten, exportierten oder behandelten Abfalls, der gemäß den Bestimmungen des Basler Übereinkommens, Anlage I, II, III und VIII, als gefährlich eingestuft wird, sowie Prozentsatz des international transportierten Abfalls • Bezeichnung, Größe, Schutzstatus und Biodiversitätswert von Gewässern und damit verbundenen Lebensräumen, die von den Abwassereinleitungen und dem Oberflächenabfluss der Organisation signifikant betroffen sind
Produkte und Dienstleistungen	• Umfang der Maßnahmen zur Verringerung der ökologischen Auswirkungen von Produkten und Dienstleistungen • Prozentsatz der zurückgenommenen verkauften Produkte und deren Verpackungsmaterialien nach Kategorie
Compliance	• Monetärer Wert signifikanter Bußgelder und Gesamtzahl nicht monetärer Strafen wegen Nichteinhaltung von Umweltgesetzen und -vorschriften
Transport	• Erhebliche ökologische Auswirkungen durch den Transport von Produkten und anderen Gütern und Materialien, die für die Geschäftstätigkeit der Organisation verwendet Werden, sowie durch den Transport von Mitgliedern der Belegschaft
Insgesamt	• Die gesamten Aufwendungen und Investitionen für Umweltschutz nach Art
Bewertung der Lieferanten hinsichtlich ökologischer Aspekte	• Prozentsatz neuer Lieferanten, die anhand ökologischer Kriterien geprüft wurden • Erhebliche, tatsächliche, potenzielle negative ökologische Auswirkungen in der Lieferkette und ergriffene Maßnahmen
Beschwerdeverfahren hinsichtlich ökologischer Aspekte	• Anzahl der Beschwerden in Bezug auf ökologische Auswirkungen, die über formelle Beschwerdeverfahren eingereicht, bearbeitet und gelöst wurden

Tab. 3.3 Berichterstattungsgrundsätze bei der Nachhaltigkeitsbericht-erstattung. (Quelle: Global Reporting Initiative 2015, S. 16–18)

Gruppe	Grundsatz
Grund-sätze zur Bestimmung der Berichts-inhalte	Einbeziehung von Stakeholdern: Die Organisation sollte ihre Stakeholder angeben und erläutern, inwiefern sie auf deren angemessene Erwartungen und Interessen eingegangen ist Nachhaltigkeitskontext: Der Bericht sollte die Leistung der Organisation im größeren Zusammenhang einer nachhaltigen Entwicklung darstellen Wesentlichkeit: Der Bericht sollte Aspekte abdecken, die: • die wesentlichen wirtschaftlichen, ökologischen und gesellschaftlichen Auswirkungen der Organisation wieder-geben bzw.; • die Beurteilungen und Entscheidungen der Stakeholder maßgeblich beeinflussen Vollständigkeit: Der Bericht sollte alle wesentlichen Aspekte und deren Grenzen in dem Maße abdecken, dass sie die bedeutenden wirtschaftlichen, ökologischen und gesellschaft-lichen Auswirkungen wiedergeben und die Stakeholder die Leistung der Organisation im Berichtszeitraum beurteilen können
Grund-sätze zur Bestimmung der Berichts-qualität	Ausgewogenheit: Der Bericht sollte sowohl positive als auch negative Aspekte der Leistung der Organisation beinhalten, um eine fundierte Beurteilung der Gesamtleistung zu ermög-lichen Vergleichbarkeit: Die Organisation sollte Informationen konsistent auswählen, zusammentragen und in Berichtsform bringen. Die Informationen im Bericht sollten so dargestellt werden, dass die Stakeholder Veränderungen in der Leistung einer Organisation im zeitlichen Verlauf analysieren und mit anderen Organisationen vergleichen können Genauigkeit: Die Informationen im Bericht sollten so genau und detailliert sein, dass Stakeholder die Leistung der Organisation bewerten können Aktualität: Die Berichterstattung erfolgt regelmäßig, damit die Informationen den Stakeholdern rechtzeitig zur Verfügung stehen, um fundierte Entscheidungen treffen zu können Klarheit: Informationen sollten so zur Verfügung gestellt werden, dass sie für Stakeholder, die den Bericht nutzen, ver-ständlich und zugänglich sind Verlässlichkeit: Die für die Aufbereitung eines Berichts verwendeten Informationen und Verfahren sollten so gesammelt, aufgezeichnet, analysiert und weitergegeben werden, dass sie einer Überprüfung unterzogen werden können, die die Qualität und die Wesentlichkeit der Informationen feststellt

sätze zur Bestimmung der Berichtsinhalte die Vorgehensweise zur Festlegung des Inhalts fokussieren, zielen die Grundsätze zur Bestimmung der Berichtsqualität auf die Sicherstellung der Informationsqualität und ihrer sachgerechten Darstellung ab.[30]

3.4 Handlungsbedarf für ökologische Nachhaltigkeit im E-Commerce

Aktuelle Zahlen belegen, dass die Nutzung von E-Commerce-Angeboten sich in Deutschland etabliert hat. Nutzten im Jahr 2017 knapp 56 Mio. Nutzer entsprechende Angebote, so konnte diese Zahl bis 2022 auf 67,2 Mio. Nutzer ausgebaut werden (siehe Abb. 3.4). Die Steigerung liegt damit bei 20 % in nur fünf Jahren. Die Gesamtzahl der Nutzer von E-Commerce-Angeboten in Deutschland entspricht somit (fast exakt) der Gesamtzahl der in Deutschland geschätzten Internetnutzer ab 14 Jahren.[31]

Auch die weltweite Anzahl der E-Commerce-Nutzer hat sich deutlich verändert. Nutzten im Jahr 2017 fast 1,7 Mrd. Menschen E-Commerce-Angebote, so hat sich die Zahl der Nutzer im Jahr 2022 deutlich verändert: Mittlerweile greifen fast 3,1 Mrd. Menschen weltweit auf E-Commerce-Angebote zurück (siehe Abb. 3.5). Dies entspricht einer Steigerung um mehr als 80 %. Die Begeisterung für das Online-Shopping lässt sich auch am Prime Day 2021 des Online-Händler Amazon ablesen: An dem 2-Tages-Event wurden insgesamt mehr als 250 Mio. Produkte verkauft.[32]

Der Online-Handel wächst stetig
Entsprechend hat sich auch der Online-Umsatz im B2C-E-Commerce in den letzten Jahren entwickelt. Lag der Online-Umsatz

---

[30] Global Reporting Initiative 2015, S. 16.
[31] ARD/ZDF-Forschungskommission 2022b.
[32] Amazon 2021.

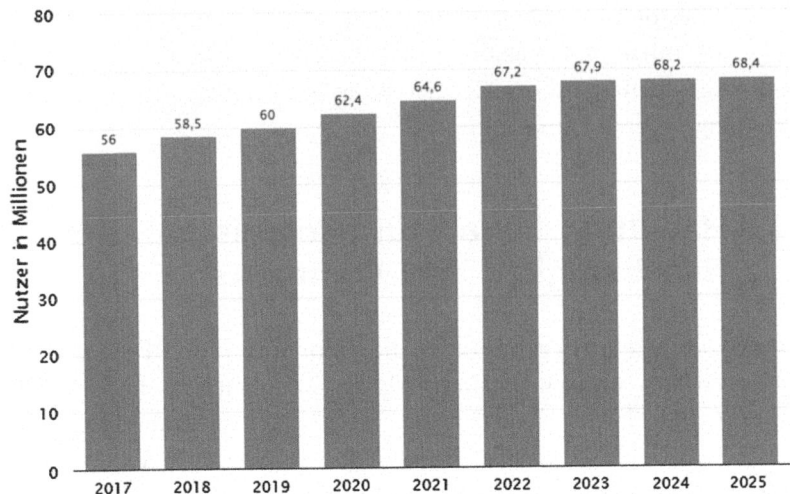

Abb. 3.4 Anzahl der E-Commerce-Nutzer in Deutschland in den Jahren 2017 bis 2025. (Quelle: Statista Digital Market Outlook 2022)

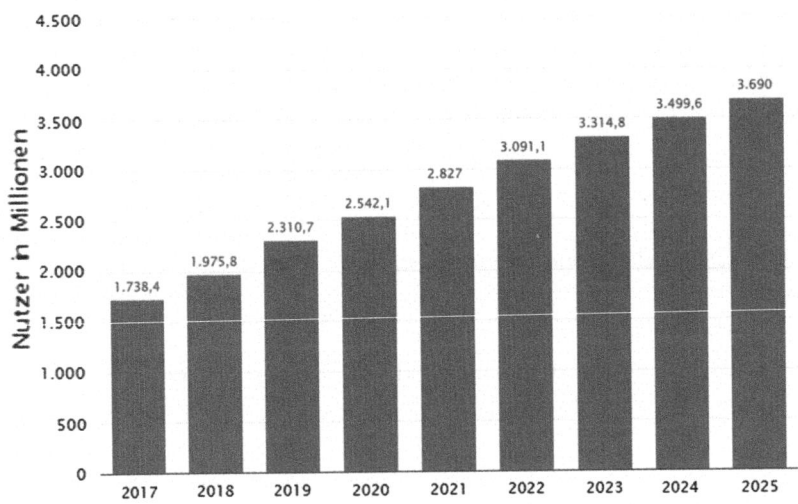

Abb. 3.5 Anzahl der Internetnutzer-Nutzer weltweit in den Jahren 2017 bis 2025. (Quelle: Statista Digital Market Outlook 2021)

Entwicklung Onlineumsatz (netto) in Deutschland

■ Onlineumsatz in Mrd. Euro ■ Veränderung zum Vorjahr in Prozent ■ Veränderung zum Vorjahr in Mrd. Euro

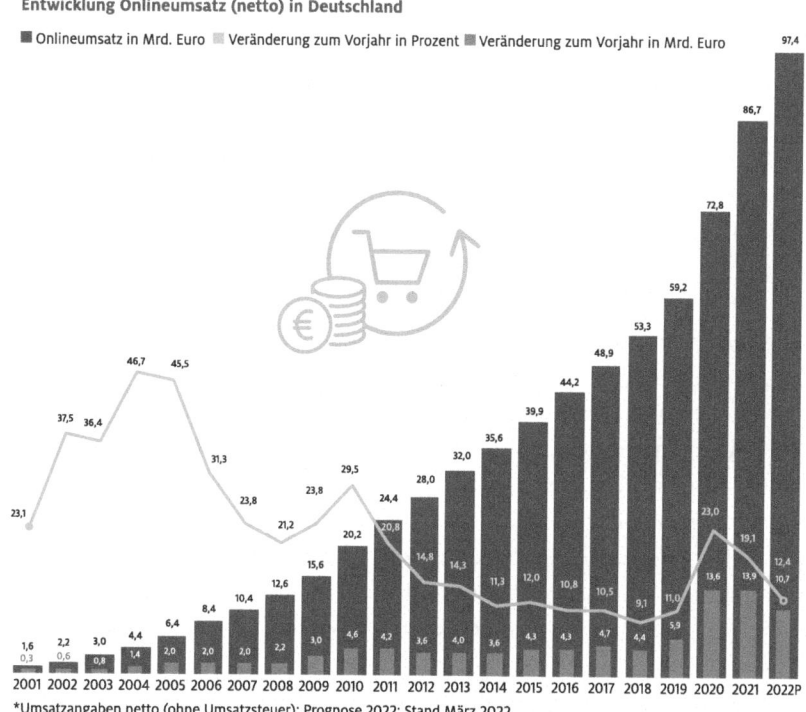

*Umsatzangaben netto (ohne Umsatzsteuer); Prognose 2022: Stand März 2022

Abb. 3.6 Entwicklung Online-Umsatz im E-Commerce (B2C). (Quelle: Handelsverband Deutschland – HDE 2022, S. 7)

in Deutschland im Jahr 2002 noch bei 2,2 Mrd. EUR, so werden für das Jahr 2022 97,4 Mrd. EUR Online-Umsatz prognostiziert (siehe Abb. 3.6). Dies entspricht einer Steigerung des Online-Umsatzes um knapp 4.327 %! Insbesondere die Corona-Pandemie hat hier erwartungsgemäß als Katalysator gewirkt. Korrespondierend dazu steigen auch die Sendungszahlen der KEP-Dienste. So stieg im Jahr 2021 das Sendungsvolumen um 460 Mio. Sendungen, sodass insgesamt 4,51 Mrd. Sendungen durch die KEP-Dienste transportiert wurden. Der Anteil an Paketsendungen macht hier mittlerweile mehr als 85 % aus. Als größter Wachstumstreiber erwiesen sich dabei die B2C-Sendungen, die aus dem Online-Handel resultieren. Für das

Jahr 2026 wird ein Sendungsvolumen von rund 5,7 Mrd. Sendungen prognostiziert.[33]

Die Notwendigkeit für ökologisch-nachhaltiges Handeln

Durch das konstante Wachstum des Online-Handels und dem damit verbundenen Anstieg der Bestellungen ist anzunehmen, dass sich der Bedarf an Warenbeständen, Verpackungsmaterialien, Transportmitteln und Lagerkapazitäten weiter erhöhen wird. Zusätzlich werden auch in zunehmenden Maße Ressourcen wie beispielsweise Strom oder Kraftstoffe benötigt. Es ist daher wenig überraschend, dass auch der E-Commerce zunehmend in die Kritik gerät. Im Zentrum dieser Kritik stehen vor allem die Retouren: Zum einen erzeugen sie zusätzliche CO_2-Emissionen. Zum anderen ist es für Händler aufgrund oftmals billiger, Retouren einfach zu entsorgen, statt sie wieder in das Sortiment aufzunehmen, z. B. weil die Artikel erst neu verpackt oder sogar aufbereitet und repariert werden müssen. Teil der Problematik ist aber auch, dass Artikel aus Retouren nicht einfach so gespendet werden können, da Händler für die gespendeten Waren Umsatzsteuer bezahlen müssen.[34]

Um die ökologischen Auswirkungen der Retouren einmal zu verdeutlichen, werden folgende Überlegungen angestellt:

1. Im Jahr 2020 wurden in Deutschland 315 Mio. Retouren getätigt.[35]
2. Nimmt man pro Paket eine Kantenlänge von 40 cm an[36], so ergibt sich eine Höhe der gestapelten Pakete von 315 Mio. Paketen * 0,4 m Kantenlänge = 126.000 km. Das entspricht mehr als drei Erdumrundungen.
3. Wenn man nun weiter davon ausgeht, dass durchschnittlich bis zu 400 g CO_2 pro Online-Bestellung beim Transport emittiert

---

[33] Bundesverband Paket und Logistik 2022, S. 11 ff.

[34] Dierig/Schuster 2019.

[35] Forschungsgruppe Retourenmanagement 2020.

[36] Asdecker 2022.

werden[37], dann ergeben sich Gesamtemissionen von 315 Mio. Paketen * 0,4kg CO_2 = 126.000 t CO_2. Andere Schätzungen gehen sogar von weit mehr Emissionen aus. So wurde beispielsweise für das Jahr 2018 ein CO_2-Ausstoß von 238.000 t geschätzt.[38]

Wie schädlich der Online-Handel, insbesondere im Vergleich zum stationären Handel tatsächlich ist, wird vielfach kontrovers diskutiert. Aktuelle Studien u. a. vom Umweltbundesamt zeigen jedoch, dass im Vergleich zu einer einzelnen Einkaufsfahrt bei einer Online-Bestellung deutlich weniger CO_2 emittiert wird: Zwischen 600 g bis 1100 g CO_2 fallen bei einer einzelnen Einkaufsfahrt an, während bei einer Lieferung per Onlinedienst zwischen 200 g und 400 g CO_2 emittiert werden. Dennoch sollte dabei nicht außer Acht gelassen werden, dass beim Online-Handel beispielsweise auch gewaltige Mengen Verpackungsmüll produziert werden. Schätzungen gehen dabei von über 800.000 t Verpackungsmüll pro Jahr im Versandhandel allein in Deutschland aus.[39] Es steht somit außer Frage, dass auch im E-Commerce in vielen Bereichen Handlungsbedarf im Sinne der ökologischen Nachhaltigkeit besteht.

---

[37] Umweltbundesamt 2020a.
[38] Jauernig/Braun 2019.
[39] Umweltbundesamt 2020a.

4

Ansatzpunkte der ökologischen Nachhaltigkeit im E-Commerce

Durch die im vorangegangenen Kapitel dargestellte Entwicklung des E-Commerce und den sich daraus ergebenen ökologischen Auswirkungen stellt sich die Frage, wie sich E-Commerce ökologisch-nachhaltiger ausrichten kann. Dieses Kapitel fokussiert sich daher vor allem auf die drei Bereiche, die i. d. R. immer im Zentrum der Kritik stehen: die Retouren, die Verpackungsabfälle sowie die mit den Online-Einkäufen verbundene Logistik (siehe Abb. 4.1).

Eines sollte dabei jedoch klar sein: Dieses Kapitel erhebt keinen Anspruch auf Vollständigkeit, sondern es soll zum Nachdenken anregen und praxisorientiert erste Optimierungspotenziale aufzeigen. Ausgeblendet werden beispielsweise Themen wie eine nachhaltige Sortimentsgestaltung oder die Ausgestaltung der Arbeitsplätze, die selbstverständlich ebenfalls Optimierungspotenziale bieten.

M. Harwardt, *Ökologische Nachhaltigkeit im E-Commerce*,
https://doi.org/10.1007/978-3-658-40261-7_4

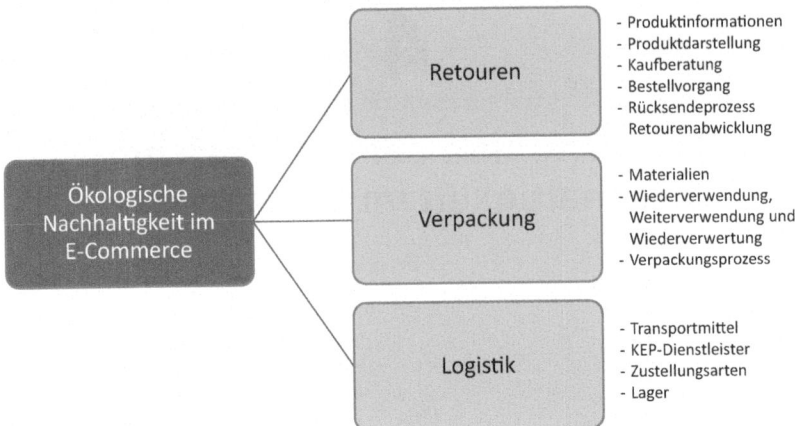

Abb. 4.1 Ansatzpunkte der ökologischen Nachhaltigkeit

4.1 Retouren

Im Gegensatz zum stationären Handel erfolgt im E-Commerce die Präsentation der Produkte in digitaler, virtueller Form. Dadurch entfallen für den Kunden die haptischen Reize und die Wahrnehmung der reellen Beschaffenheit der Produkte. Gleichzeitig wächst jedoch das Online-Sortiment der Händler stetig an, während parallel dazu die Bestellvorgänge immer weiter optimiert und die Versandkosten reduziert werden. Dies führt zwar einerseits zu dem bereits dargelegten Wachstum des Online-Handels, andererseits lässt es aber auch die Zahl der Retouren ansteigen, was wiederum zu Transporten und zu CO_2-Emmissionen führt.

Um diese Problematik zu vermeiden, stehen den Shop-Betreibern verschiedene Möglichkeiten zur Verfügung, die dem präventiven Retourenmanagement zuzuordnen sind (siehe Abb. 4.2). Die Aufgabe des präventiven Retourenmanagements ist es, die Wahrscheinlichkeit einer Rücksendung vor, aber auch während und nach einer Bestellung zu minimieren.[1] Dabei kommt insbesondere der Online-Präsentation des

---

[1] Deges 2017, S. 17.

Abb. 4.2 Ansatzpunkte zur Retourenvermeidung

Produktes eine besondere Bedeutung zu: So ergab eine Befragung von 352 Online-Händlern, dass 81 % der befragten Händler eine detaillierte, genaue Produktbeschreibung und -darstellung als relevantesten Faktor in der Retourvermeidung erachten.[2]

Darüber hinaus bieten sich den Online-Händlern noch weitere Möglichkeiten, präventiv und proaktiv Maßnahmen zur Vermeidung von Retouren zu ergreifen. Nachfolgenden sollen dazu verschiedene Maßnahmen im Bereich des Online-Kaufprozesses und des Rücksendeprozesses vorgestellt werden, mit denen die Retourenquote gesenkt werden kann. Abschließend wird sich auch mit der Retourenabwicklung auseinandergesetzt, die zwar nicht mehr zur Retourenvermeidung beitragen kann, jedoch auch Optimierungsmöglichkeiten für ökologisch-nachhaltige Handlungsweisen bietet.

4.1.1 Produktinformation

Eine strukturierte und verständliche Produktbeschreibung erachten Online-Händler als eines der wichtigsten Instrumente zur Retourenvermeidung. Dazu müssen die wesentlichen Attribute und Konditionen zu den Produkten textuell dargelegt werden, z. B. die

---

[2] Lockhauserbäumer/Mayr 2015, S. 269.

Produktbeschaffenheit, die Farben, die Verarbeitung, der Preis, die Pass-
form (im Bereich Mode), die Abmaße, die Verfügbarkeit sowie Liefer-
kosten und -bedingungen. Gerade durch eine transparente Darstellung
der Lieferdauer können bereits Retouren vermieden werden, die aus
Lieferungen resultieren, bei denen das Produkt nach dem geplanten
Einsatztermin geliefert wird.

Relevante Schlüsselinformationen zum Produkt können durch Ver-
linkungen auf Detailinformationen oder Downloads erweitert werden,
wie z. B. die Produktionsverfahren, Herkunftsländer, Lieferketten
oder gesetzliche Bestimmungen. Die Empfehlung dazu lautet, so viele
Produktinformationen wie nötig anzubieten, ab trotzdem nur so wenige
Informationen wie möglich. Auch die verwendeten Texte sollten grundsätzlich eher kurzgehalten werden. Dies wird umso bedeutender, wenn
man bedenkt, dass die Aufmerksamkeitsspannen der Internetnutzer
immer kürzer werden.[3]

Diese umfassenden und auf die Zielgruppen zugeschnittenen
Produktinformationen sollen die fehlende Haptik der im Online-Shop
angebotenen Güter kompensieren. In der Praxis lässt sich beobachten,
dass manche Shop-Betreiber als Intermediär agieren: Sie sind nur
für den Vertrieb der Ware verantwortlich, während die Produkther-
stellung von anderen Unternehmen übernommen wird. Den Händlern
liegen daher oftmals nur die Informationen vor, die der Hersteller an
den Händler weitergereicht hat. Viele Online-Händler müssen daher
zusätzlichen Aufwand betreiben, um die produktspezifischen Daten zu
erfassen und diese zielgruppengerecht aufzubereiten. Dies stellt einen
zusätzlichen Kostenfaktor dar, der durch den Abverkauf wieder ausgeglichen werden muss.[4]

Der Einsatz von Text-Mining für bessere Produktinformationen
Im E-Commerce fallen große Datenmengen an, die gern auch mit dem
Begriff Big Data umschrieben werden. Diese Datenmengen können
nun genutzt werden, indem mithilfe des sogenannten Text-Minings

---

[3] Kreutzer 2022, S. 63.
[4] Lämmermühle 2016, S. 42.

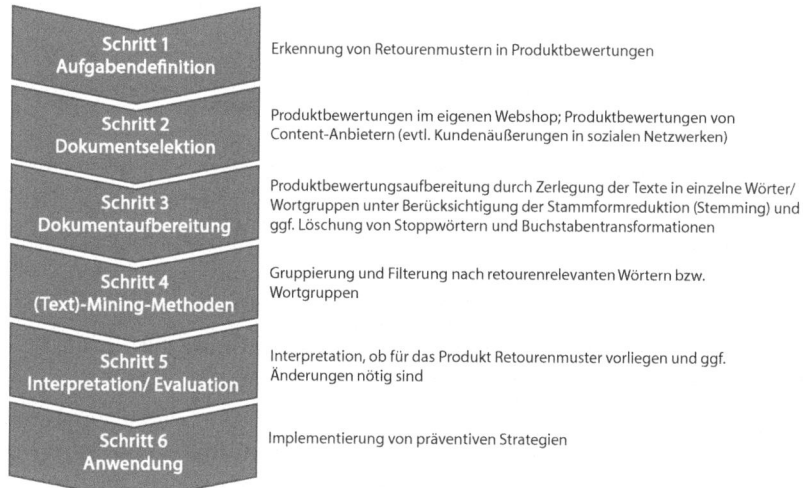

Abb. 4.3 Vorgehen für die Gestaltung der Produktinformation mittels Text-Mining. (Eigene Darstellung in Anlehnung an Walsh/Möhring 2014, S. 71)

(siehe Abb. 4.3) auf Basis von Algorithmen Wissen aus Texten extrahiert wird. Dies kann im E-Commerce beispielsweise eingesetzt werden, um Abweichungen zwischen den Produktbeschreibungen und den Äußerungen von Kunden zu entdecken. Die Ergebnisse können anschließend genutzt werden, um präventive Maßnahmen zur Retourenvermeidung anzustoßen, z. B. indem die Produktbeschreibungen automatisiert angepasst werden. Die dafür nötigen Daten können aus unterschiedlichen Quellen stammen, z. B. hinterlegte Rücknahmegründe, Kundenbewertungen im Online-Shop, Kunden-E-Mails oder Kommentare in sozialen Netzwerken. In der Praxis nutzt beispielsweise der Online-Händler Amazon die Möglichkeiten des Text-Minings, um präventive Ansätze für die Retourenvermeidung zu entwickeln.[5]

---

[5] Walsh/Möhring 2014, S. 71 ff.

Die Bedeutung von Kundenbewertungen

Auch ohne den Einsatz von Text-Mining können Kundenbewertungen zu einem Produkt als präventive Maßnahme zur Retourvermeidung betrachtet werden. Kunden finden hier i. d. R. produktbezogene Informationen sowie oftmals authentische Meinungen und Empfehlungen von Käufern und Nutzern des Produkts. Eine Umfrage von KPMG fand entsprechend dazu heraus, dass in Deutschland für 42 % der Befragten die Kundenbewertungen eine der maßgeblichen Entscheidungshilfen beim Online-Kauf darstellen.[6] Durch die Implementierung von Antwortfunktionen in der Rezensionssektion können die Nutzer zudem interagieren. Online-Händler sollten auch die Möglichkeit nutzen, häufig gestellte Fragen, die sogenannten Frequently Asked Questions (FAQs), zum jeweiligen Produkt zu beantworten.[7] Ziel der genannten Maßnahmen ist es, weitere und oftmals sehr detaillierte Informationen zum Produkt zur Verfügung zu stellen, sodass Interessenten bereits im Vorfeld die Eignung des Produkts feststellen können.

Eine Problematik, die sich in der Praxis zeigt, sind unpassende Produktbewertungen, z. B. durch Bedienungsfehler und nicht-sachbezogene Meinungen. Im Extremfall kann dies für Online-Händler ruf- und geschäftsschädigende Konsequenzen haben, z. B. wenn Unwahrheiten über ein Produkt oder das Unternehmen verbreitet werden. Zusätzlich ist die Authentizität von Kundenrezensionen umstritten, da in der Vergangenheit Fälle gekaufter positiver Bewertungen bekanntgeworden sind. Dadurch kann zum einen die Glaubwürdigkeit eines Händlers beeinträchtigt werden und zum anderen der Nutzen zur Retourvermeidung deutlich abnehmen. Zwar sind die Softwaretools in diesem Bereich deutlich besser geworden und können teilweise sogar betrügerische Bewertungen entlarven, ein Missbrauch der Bewertungen ist jedoch nicht vollständig auszuschließen.

---

[6] KPMG 2021, S. 6.
[7] Lämmermühle 2016, S. 27.

Dennoch betrachten viele Online-Händler die Kundenbewertungen als einen entscheidenden Faktor zur Retourenminimierung.[8]

Bessere Produktinformationen bedeuten Aufwand
Möchte ein Online-Händler die Möglichkeiten nutzen, die ihm im Kontext der Produktinformationen zur Minimierung der Retourenquote geboten werden, so bedeutet das für den Händler zunächst Aufwand, z. B. durch die umfassende Pflege und Darstellung von Produktinformationen, die Anbindung von Produktbewertungen oder durch den Einsatz von Text-Mining. Der Online-Händler muss daher darauf achten, dass dieser Aufwand angemessen kompensiert wird – idealerweise durch eine Steigerung des Umsatzes bei einer gleichzeitigen Senkung der Retourenrate und den damit korrespondierenden Kosten.

4.1.2 Produktdarstellung

Für die Darstellung eines Produkts stehen unterschiedliche Formate in Form von Bild, Video (und somit meist auch Ton) sowie Animation zur Verfügung und bilden eine gute und sinnvolle Ergänzung zu den textuell dargelegten Produktinformationen. Aufgrund der großen Fortschritte in diesem Bereich sollten auch die Möglichkeiten von Virtual Reality (VR) und Augmented Reality (AR) zur Produktvisualisierung zumindest diskutiert werden.[9] Schließlich gilt hier analog zu den Produktinformationen, dass viele Retouren vermieden werden können, wenn die Kunden sich ein möglichst umfassendes Bild von dem Produkt, seinen Eigenschaften und seinen Einsatzmöglichkeiten verschaffen konnten.

---

[8] Lämmermühle 2016, S. 44.
[9] Deges 2020, S. 178 f.

Die Einsatzmöglichkeiten von Bildern, Videos und Animationen
Bilder und Fotostrecken können genutzt werden, um die textuell dargestellten Produktinformationen sinnvoll zu ergänzen. Hochauflösende Bilder ermöglichen mithilfe der Zoomfunktionalität eine sehr gute Darstellung von Produktdetails, während 360-Grad-Ansichten ein Produktbetrachtung wie im stationären Handel möglich machen sollen.[10] Entsprechend nutzen die Online-Händler Zalando, Sportscheck und Amazon beispielsweise die Zoomfunktion in Kombination mit unterschiedlichen Betrachtungswinkeln insbesondere für die Darstellung von Produktdetails, z. B. der Oberflächenstrukturen oder der Verarbeitung eines Produktes. Dadurch soll vor allem die fehlende Haptik bei einem Online-Kauf ausgeglichen und die Nutzenpotenziale eines Produkts aufgezeigt werden.

In der Praxis lässt sich zunehmend der Einsatz von Videosequenzen bei der Produktdarstellung in Webshops beobachten. Besonders verbreitet ist mittlerweile der Einsatz von Videos im Modebereich. So setzen beispielsweise die Unternehmen ASOS und H&M bei ihrer Produktdarstellung im Webshop auf Videos. Dadurch kann den Kunden besser vermittelt werden, wie ein Kleidungsstück wirkt, wenn es getragen wird. Anbieter besonders umfangreicher, beratungsintensiver und informationsreicher Produkte oder Dienstleistungen profitieren besonders von Produktvideos, weil sie hier z. B. Einsatzmöglichkeiten präsentieren und erklären können. Wie bereits erwähnt wurde, sinkt die Aufmerksamkeitsspanne der Internetnutzer. Videos sind daher gut geeignet, lange Produktbeschreibungen zu ergänzen oder sogar abzulösen – solange sie kurzgehalten werden.

Neben den Videos gibt es die Option der Darstellung von Produkten und ihrer Eigenschaften mittels Animationen. Bei Animationen handelt es sich um bewegte Bilder, die kein reelles Abbild des physischen Gegenstands sind, sondern auf grafischen Zeichnungen basieren. Animationen eignen sich ebenfalls für einfache Erklärungen komplexer Sachverhalte, wobei Erweiterungen durch Ton- und Textelemente möglich sind.

---

[10] Deges 2020, S. 179.

Augmented Reality und Virtual Reality für eine bessere Beurteilungsfähigkeit

Auch Augmented Reality und Virtual Reality können die Produktdarstellung optimieren. Bei AR wird die reale Welt mit zusätzlichen Informationen oder sonstigen Computer-generierten Inhalten angereichert. Kennzeichnend für AR ist, dass die zusätzlichen Informationen und Inhalte nicht statisch sind, sondern dass sie von der Perspektive des Nutzers abhängig sind, z. B. verändern sich die angezeigten Informationen, wenn man unterschiedliche Objekte ansieht. Durch die weite Verbreitung von Smartphones und Tablets gewinnt AR in den letzten Jahren immer mehr an Bedeutung, da mit den gängigen Browsern der Smartphones wie z. B. Safari und Firefox AR-Anwendungen ausgeführt werden können.

Bei VR hingegen geht es um die Ausblendung der realen Umwelt und die Fokussierung auf eine „in Echtzeit computergenerierten, interaktiven, virtuelle Umgebung".[11] Während bei AR der Anteil der realen Welt überwiegt, so überwiegt bei VR der Anteil der virtuellen Welt.[12] Als wesentliches Charakteristikum vom VR gilt die Möglichkeit, dass ein Mensch in dieser virtuellen Realität interagieren kann. Die Hardware- und Softwaresysteme, die diese virtuellen Realitäten realisieren, nennt man VR-Systeme.[13] Meist kommen dazu sogenannte Head-Mounted-Displays zum Einsatz, z. B. von Varjo oder Oculus Rift, umgangssprachlich auch als VR-Brillen bekannt. Diese ermöglichen den Zugang zur virtuellen Realität und sind mit Sensoren zur Erfassung der Kopfbewegungen ausgestattet.[14] Die Head-Mounted-Displays können zusätzlich um Handcontroller erweitert werden, sodass Handbewegungen und klassische Interaktionsmöglichkeiten wie z. B. einen Tastendruck in die virtuelle Welt integriert werden können.[15] VR und

---

[11] Mehler-Bicher/Steiger 2017, S. 128.
[12] Mehler-Bicher/Steiger 2017, S. 128.
[13] Hofmann 2018, S. 14.
[14] Grimm et al. 2019b, S. 170.
[15] Grimm et al. 2019a, S. 118–119.

AR sollen den Kunden dabei helfen, eine bessere Beurteilungsfähigkeit für ein Produkt zu erlangen und dadurch Retouren vermeiden.

Die nachfolgenden Beispiele verdeutlichen die Einsatzmöglichkeiten von Augmented Reality und Virtual Reality:

- **IKEA:** Der Möbelhersteller IKEA führte im Jahr 2017 seine App IKEA Place ein. Mit Hilfe dieser App ist es den Kunden möglich, Möbelstücke virtuell per Smartphone oder Tablet im eigenen Wohnraum zu platzieren. Dadurch können sich Interessenten bereits vor dem Kauf einen Eindruck davon verschaffen, wie ein Möbelstück an dem dafür vorgesehenen Platz wirkt (siehe Abb. 4.4).
- **L'Oréal:** Das Kosmetikunternehmen L'Oréal bietet ein Try-On-Tool, das ebenfalls auf Augmented Reality basiert. Mithilfe des Tools können Kunden die Makeup-Produkte virtuell in ihrem Gesicht ausprobieren.
- **Saturn:** Der Einzelhändler Saturn bietet seinen Kunden mit der eigens entwickelten Virtual SATURN-App die Möglichkeit eines Einkaufs in der virtuellen Realität. Der Kunde wählt zwischen den zwei virtuellen Shoppingwelten Loft oder Raumstation, in denen er ausgewählte Produkte dreidimensional begutachten und kaufen kann. Auch eine Beratung ist hier möglich.

Abb. 4.4 Erweiterte Realität am Beispiel IKEA Place. (Quelle: Inter IKEA Systems)

Die Vorteile einer verbesserten Produktdarstellung können die Nachteile überwiegen

Analog zu den Ausführungen bei den Produktinformationen muss auch hier der Aufwand für die verschiedenen visuellen Gestaltungselemente wirtschaftlich abgewägt werden. AR und vor allem VR mögen zwar neue Erlebniswelten und einen realitätsnäheren Eindruck des Produkts vermitteln, jedoch steht dahinter im Vergleich zu Fotostrecken, Videos und 360-Grad-Ansichten ein oftmals deutlich höherer Kosten-, Zeit- und Integrationsaufwand. Zudem muss der Kunde für den gewünschten Effekt bei VR über ein kompatibles Endgerät verfügen. Unabhängig jedoch von den genutzten Medien ist es für Unternehmen im Online-Handel empfehlenswert, in die Produktdarstellung zu investieren, da man durch die verbesserte Produktdarstellung von zwei Effekten ausgehen kann: Zum einen kann die Conversion-Rate durch eine optimierte Produktdarstellung gesteigert werden, zum anderen können die Retourenraten gesenkt werden.[16]

4.1.3 Kaufberatung

Vorhandene Produktrezensionen zeugen nicht nur von Transparenz bei den Produktinformationen, sondern sie fungieren auch zeitgleich als Entscheidungshilfe für Interessenten. Weitere Elemente, um den potenziellen Käufer eine bessere Einschätzung im Bereich der Mode zu einem Produkt zu ermöglichen, sind Maßtabellen. Hier können Interessenten mithilfe einfacher Informationen wie Ärmellänge und Brustumfang schnell die richtigen Konfektionsgrößen ermitteln. Dies kann auch mit Hilfe-Tools erfolgen, die aufgrund von Kundenangaben wie z. B. Größe, Körperform, Hüftumfang, etc. die passenden Größen ermitteln. Einige Shops geben zur besseren Orientierung mittlerweile sogar an, welche Maße die Models auf den Bildern besitzen und welche Konfektionsgrößen sie dort tragen.

---

[16] Deges 2017, S. 18.

Leider reichen Maßtabellen oder entsprechende Tools nicht aus, um die Fragen der Interessenten zu klären, sodass individuelle Beratung nötig wird, bei der im Dialog mit dem Kunden dessen Anliegen besprochen werden können. Das Ziel dieser Beratung mit Blick auf ein präventives Retourenmanagement sollte es sein, Unsicherheit aufseiten der Interessenten abzubauen, um so Fehlkäufe und sogenannte Auswahlbestellungen zu verhindern. Diese Auswahlbestellungen stellen für Online-Händler ein großes Ärgernis dar. Bei diesen Bestellungen werden von einem Produkt verschiedene Varianten bestellt, um dann in den eigenen vier Wänden eine Auswahl treffen zu können. Als Beispiel soll hier ein T-Shirt dienen, das man in drei verschiedenen Größen bestellt. Sobald das Paket eingetroffen ist, werden die drei T-Shirts anprobiert und das passende ausgewählt. Die übrigen zwei T-Shirts treten als Retoure den Weg zurück zum Online-Händler an. Im Kontext der individuellen Beratung können Chatbots, Avatare und Live-Chats zum Einsatz kommen, aber natürlich auch die klassischen Kommunikationsformen die E-Mail, Kontaktformulare oder die Telefon-Hotline.

Die Potenziale von Chatbots und Avataren
Der Begriff „Chatbot" leitet sich aus dem Englischen von „chat" (sich unterhalten/austauschen) und „robot" (Roboter) ab. Gemäß ihrer Namensherkunft waren Chatbots ursprünglich darauf ausgelegt, auf textbasierte Eingaben der Nutzer rein regelbasiert mit passenden textbasierten Ausgaben zu reagieren: Wenn beispielsweise eine Eingabe das Schlüsselwort „Lieferdatum" enthält, dann soll der Chatbot fragen, ob für die letzte noch offene Bestellung das Lieferdatum angezeigt werden soll.[17]

Weil im Bereich der künstlichen Intelligenz in den letzten Jahren enorme Fortschritte erzielt werden konnten, können Chatbots mittlerweile auch deutlich anspruchsvollere Aufgaben übernehmen, indem sie eigenständig die Anfragen der Nutzer analysieren und z. B. auch Bestellungen durchführen können.[18] Auch eine Konversation mit

[17] Kreutzer/Sirrenberg 2019, S. 132.
[18] Richter et al. 2019 S. 46.

gesprochener Sprache ist bei Chatbots mittlerweile möglich.[19] Das Unternehmen Alibaba setzt einen Chatbot namens Dian Xiaomi ein, den die Partner entsprechend nach ihren Bedürfnissen anpassen können. Dieser Chatbot ist in der Lage, produktspezifische Fragen zu beantworten, personalisierte Empfehlungen zu geben und Hilfestellung bei Retouren zu leisten.[20]

Avatare sind grafische Darstellungen, die eine reale Person repräsentieren sollen. Die Erscheinungsform ist je nach Aufbau des Onlineshops zwei- oder dreidimensional. Hinter einem Avatar stehen entweder reale Personen oder Chatbots, die individuelle Kundenfragen zum Produkt und dem Bestellprozess allgemein beantworten können. Angelehnt ist die Idee an Verkäufer aus dem stationären Handel, sodass ein Avatar die Funktion eines digitalen Kundenberaters übernimmt. Speziell für beratungsintensive Produkte wie z. B. aus den Bereichen Elektronik und Mode sind Avatare empfehlenswert.[21] Analog zu den Chatbots sind hier mittlerweile auch Konversationen mit gesprochener Sprache möglich.

Zusätzlich kann ein kundenspezifischer Avatar auch als digitale Schaufensterpuppe beziehungsweise Model genutzt werden: Durch die Eingabe der individuellen Körpermaße in Kombination mit Fragen zur Figur kann ein deckungsgleicher zwei- oder dreidimensionaler Avatar des Kunden kreiert werden, an den die ausgewählte Kleidung projiziert wird.[22] Dadurch wird es den Kunden möglich, verschiedene Kleidungsstücke zu kombinieren und diese angezogen am Avatar zu begutachten.[23]

Ein Praxisbeispiel der Verwendung von Avataren ist Clara des Online-Händlers OTTO. Als Erscheinungsform wurde hier eine zweidimensionale Skizze einer Frau gewählt. Konkret verbirgt sich

---

[19] Kreutzer/Sirrenberg 2019, S. 132.
[20] Heinemann 2022, S. 220.
[21] Lämmermühle 2016, S. 28 f.
[22] Deges 2017, S. 19.
[23] Lämmermühle 2016, S. 29.

hinter Clara ein Chatbot, der Fragen zum Service, Lieferungen und allgemeinen Themen beantworten soll. Kann dieser die Fragen nicht beantworten, dann werden die Kunden an einen Mitarbeiter weitergeleitet, der sich dann mit einem Live-Chat um die Beantwortung der Anfragen kümmert.

Live-Chats und „klassische" Kontaktmöglichkeiten zur Retouren-vermeidung
Zur Vermeidung von Retouren können diese Live-Chats mit Kundenberatern, aber auch E-Mails, Kontaktformulare oder die Telefon-Hotline als Beratungs- und Hilfestellungsoptionen hilfreich sein. Retouren können nämlich oftmals im Vorfeld verhindert werden, wenn entsprechend geschulte Mitarbeiter die Fragen der Kunden kompetent beantworten und Lösungen für deren Probleme gefunden werden können.[24]

Chatbots, Avatare und Live-Chats bieten gegenüber E-Mails, Kontaktformularen und der Telefon-Hotline den Vorteil, dass hier i. d. R. eine unmittelbare Kommunikation in Echtzeit möglich ist. Lange Wartezeiten und ein mehrstufiger Austausch per E-Mail oder langen Warteschleifen per Telefon werden damit umgangen. Der wesentliche Vorteil der telefonischen Beratung und auch des Live-Chats liegt hingegen darin, auch auf komplexe Fragestellungen antworten zu können, wohingegen bei Chatbots und Avataren noch Komplikationen in der Erkennung der Anfragen der Nutzer und den dazu passenden Lösungsvarianten auftreten können.

4.1.4 Bestellvorgang

Neben den bereits skizzierten Ansätzen können im Kaufprozess noch weitere Konzepte angewandt werden, um das Risiko einer Retoure zu minimieren. So können die bereits thematisierten Auswahlbestellungen unterbunden werden, indem Shop-Betreiber Logiken implementieren,

---

[24] Deges 2017, S. 19.

die solche Auswahlbestellungen erkennen und eine Auslösung dieser Bestellung verhindern. Da dies für den Kunden unbefriedigend ist, wäre jedoch ein Lösungsansatz hilfreicher, bei dem eine Auswahlbestellung zwar erkannt wird, dem Kunden vor Abschluss der Bestellung jedoch Entscheidungshilfen z. B. in Form einer Größentabelle oder eines Live-Chat angeboten werden.

Die Nutzung von Daten zur Retourenvermeidung
Unternehmen können zusätzlich auch die bereits vorhandenen Daten nutzen, um Retouren zu vermeiden. Dazu können beispielsweise produkt- und kundenbezogene Informationen genutzt werden, um Retourenmuster zu erarbeiten.[25] So zeigt sich beispielsweise im Zusammenhang mit Modeartikeln häufig, das jüngere Kunden und Frauen zu einem erhöhten Retourenverhalten neigen. Dies könnte somit einen Online-Händler dazu veranlassen, für bestimmte Käufergruppen die Bestellmöglichkeiten einzuschränken.[26]

Eine weitere Möglichkeit bildet auch die Ermittlung der Anzahl der bereits durchgeführten Rücksendungen der einzelnen Kunden. Diese Gesamtzahl seiner durchgeführten Rücksendungen kann nun den Kunden prominent angezeigt werden. Bei Überschreitung einer gewissen Anzahl oder eines Betrags werden Restriktionen fällig, z. B. indem die kostenlosen Retouren wegfallen und nun Gebühren fällig werden. Auch können Unternehmen Vielretournier identifizieren und vollständig vom Bestellvorgang ausschließen. Diese Methode gilt jedoch als sehr drastisch und teilweise imageschädigend. Eine für den Kunden nicht nachvollziehbare Sperrung des Kontos kann zu negativen Kundenbewertungen und Kritik in den sozialen Netzwerken führen.[27] In der Vergangenheit hat sich u. a. auch Amazon dieser drastischen Maßnahme bedient und die Kundenkonten von Vielretournierern

---

[25] Möhring et. al. 2013, S. 68 ff.
[26] Möhring et al. 2015, S. 261 ff.
[27] Walsh/Möhring 2015, S. 6 ff.

geschlossen. Die betroffenen Kunden kritisierten dabei jedoch vielfach, dass berechtigten Rückgabegründen keine Relevanz zugesprochen wurde. Es ist daher empfehlenswert, vor solchen Maßnahmen im Vorfeld Warenkorbanalysen und Bestellhistorien zu prüfen, da das erhöhte Retourverhalten möglicherweise auf z. B. eine ungenügende Produktqualität, fehlerhafte Produktinformationen oder eine nicht angemessene Produktdarstellung zurückzuführen ist. Orientiert sich ein Online-Händler bei der Suche nach Vielretournierern am Gesamtwert der Retouren, dann können bereits einige wenige, aber besonders hochpreisige Rücksendungen die Auswertung verzerren. Eine Alternative zu Kontensperrungen können personalisierte Apelle an das ökologische Gewissen und Abmahnungen darstellen, welche jedoch keine Kontenschließung mit sich ziehen.[28]

Der Einsatz von CO_2-Kompensationszahlungen

Um die ökologische Nachhaltigkeit im Bewusstsein der Kunden zu verankern, bieten einige Online-Händler in ihrem Webshop die Möglichkeit von CO_2-Kompensationszahlungen an. So können sich beispielsweise Kunden im Bestellprozess des Unternehmens Galaxus optional dafür entscheiden, eine auf die Bestellung adaptierte Summe zur Kompensation der anfallenden CO_2-Emissionen für Produktion und Lieferung zusätzlich zum eigentlichen Kaufpreis zu entrichten. Die über diese Kompensationszahlungen generierten Summen fließen nach den Angaben des Unternehmens in geprüfte Klimaschutzprojekte.[29] Solche Kompensationszahlungen sind jedoch nicht frei von Kritik. Es gilt zum einen das Argument, dass der Einkauf auf jeden Fall zum Ausstoß schädlicher Emissionen beiträgt. Zum anderen wird argumentiert, dass die Kompensationsprogramme oftmals nicht alle anfallenden Emissionen berücksichtigen, z. B. aus dem Produktionsprozess.

---

[28] Deges 2017, S. 21 ff.
[29] e-commerce Magazin 2020b.

Die Potenziale der Zahlarten zur Retourenvermeidung

Auch eine Limitation hinsichtlich der angebotenen Zahlarten kann ein Mittel sein, um Auswahlbestellungen und Retouren entgegenzuwirken. Die in Deutschland im Online-Shopping am häufigsten genutzten Verfahren sind der Kauf auf Rechnung, Vorkasse, Nachnahme, Lastschrift, Kreditkarte und E-Payment-Verfahren wie z. B. PayPal.[30] Diese können jedoch unterschiedliche Auswirkungen auf das Retourenverhalten der Kunden haben. Der in Deutschland beliebte Rechnungskauf bringt die Käufer in eine äußerst komfortable Situation – schließlich müssen sie erst nach dem Erhalt der Ware bezahlen und gehen somit kein Risiko ein. Dies kann zwar auf der einen Seite förderlich für die Conversion-Rate sein, auf der andere Seite kann es die Retouren auch deutlich nach oben treiben.[31] Im Bereich der Mode liegt beispielsweise die Retourenquote für dieses Zahlungsverfahren bei über 55 %.[32]

Für den Shop-Betreiber kann es somit sinnvoll sein, Vielretournieren nur Zahlungsarten anzubieten, bei denen die Käufer im Voraus bezahlen müssen, um so eine Hemmschwelle aufzubauen. Zusätzlich minimiert sich auch für den Verkäufer das monetäre Risiko gegenüber dem Rechnungskauf. Es ist daher wenig überraschend, dass Zahlarten wie Sofort-Überweisung, Überweisung und Lastschrift eine geringere Retourenquote als manch andere Zahlarten aufweisen: Hier befürchten Kunden einen verzögerten Rückfluss der gezahlten Beträge.[33]

4.1.5 Rücksendeprozess

Auch nachdem der Kunde seine Bestellung durchgeführt und die Ware erhalten hat, ergeben sich für Online-Händler noch Ansatzpunkte, mögliche Retouren abzuwenden. Dazu gehört ein guter Kundenservice,

---

[30] Hudetz/Brüxkes 2019, S. 426 f.

[31] Deges 2017, S. 21.

[32] Goebel 2015.

[33] Lämmermühle 2016, S. 18 ff.

Tab. 4.1 Mittlere Prozesskosten einer Rücksendung in Abhängigkeit der Retourenanzahl. (Quelle: Asdecker 2022)

Anzahl Retouren pro Jahr	Prozesskosten (EUR)
Weniger als 10.000 Retouren	17,70
Zwischen 10.000 und 50.000 Retouren	6,61
Über 50.000 Retouren	5,18

der nach dem Kauf problemlos für den Kunden erreichbar ist. Oftmals können durch Beratung oder Nachbesserung Probleme beseitigt werden, sodass der eigentliche Grund für die Retoure entfällt. Zusätzlich können sogar die Zufriedenheit und die Kundenbindung verbessert werden, weil den Kunden unkompliziert geholfen wurde.

Belohnungen als Anreiz zum Warenbehalt
Eine weitere Möglichkeit, Retouren zu vermeiden, kann das Anbieten einer Prämie sein, damit der Kunde die Ware behält. In Deutschland sind gemäß einer KPMG-Studie fast ein Drittel der Online-Shopper bereit, die Ware zu behalten, wenn ihnen eine solche Prämie angeboten werden würde.[34] Laut dem Marktforschungsinstitut IFH Köln wäre sogar für rund 56 % der Onlinekäufer im Bekleidungssegment ein Rabatt auf den Kaufpreis ein Grund, die Ware nicht zu retournieren. 52 % der Onlinekäufer erachten Gutscheine und 46 % Bonuspunkte auf dem eigenen Kundenkonto als positive Anreize, getätigte Einkäufe nicht zu retournieren. Das Institut benennt zudem die Belohnung des Kunden als zielführender im Vergleich zu finanziellen Abstrafungen wie Rücksendegebühren in der Retourenverhinderung.[35]

Bedenkt man allein die hohen Prozesskosten (siehe Tab. 4.1), die bei den Online-Händlern pro Retoure anfallen, so kann sich hier für beide Seiten eine Win–win-Situation ergeben: Die Kunden behalten das Produkt und bekommen eine Prämie, der Online-Händler generiert Umsätze und spart Retourenkosten. Hierbei stellt sich aber auch die

[34] KPMG 2021, S. 21.
[35] IFH Köln 2016.

Frage, inwieweit diese Maßnahme zur ökologischen Nachhaltigkeit beiträgt, wenn der Kunde das Produkt aus Gründen der Kompensation und Bequemlichkeit zwar behält, es aber anschließend direkt entsorgt.

Ein erschwerter Rücksendeprozess kann Retouren verhindern

Einige Onlineshops werben mit kostenlosen Versand- und/oder Rückversand. Hierfür bedarf es in der Regel eines Mindestbestellwerts, welcher von Shop zu Shop variiert.[36] Bei einer Befragung gaben neun von zehn Befragten an, dass ein kostenloser Versand für sie ein wichtiges Kriterium bei der Auswahl eines Online-Shops darstellt.[37] Mit Blick auf die Rücksendungen zeigt sich ein ähnliches Bild: 92 % der Verbraucher sehen den kostenfreien Rückversand als ein wichtiges Kriterium für einen Kauf in einem Online-Shop an.[38] Entsprechend ist die Mehrheit der Online-Käufer bei einer kostenpflichtigen Retoure bereit, nach Alternativen zu suchen – notfalls sogar auch offline.[39]

Dennoch sollte die Nicht-Übernahme der Versandkosten bei einer Rücksendung aus der Perspektive der ökologischen Nachhaltigkeit diskutiert werden. So kann eine Nicht-Übernahme der Versandkosten eine wirksame Variante zur Minimierung der Retouren darstellen: Wurden die Versandkosten für eine Rücksendung früher für den Kunden unsichtbar bei der Preiskalkulation berücksichtigt, werden sie nun ausgewiesen und direkt sichtbar auf den Kunden abgewälzt. Diese Kosten fungieren nun Hemmnis aufseiten der Kunden, eine Rücksendung wirklich durchzuführen. Es wird daher geschätzt, dass durch eine Gebühr von drei Euro pro Rücksendung die Anzahl der Retouren um 16 % gesenkt werden können.[40] Dies deckt sich auch mit anderen Untersuchungen, nach denen für 55 % der Befragten Rücksendegebühren ein

---

[36] Lockhauserbäumer/Mayr 2015, S. 268.
[37] KPMG 2021, S. 14.
[38] Bolz et al. 2017, S. 33.
[39] KPMG 2021, S. 21.
[40] Frankfurter Allgemeine Zeitung 2019.

Grund wären, im Zweifel nicht zu retournieren.[41] Dabei muss jedoch abgewogen werden, dass die Nicht-Übernahme der Kosten aber auch zu Umsatzeinbußen führen kann, weil die Kunden keine Käufe mehr tätigen und sich alternative Bezugsquellen suchen.

Analog zu diesen Ausführungen existieren noch weitere Möglichkeiten, den Rücksendeprozess zu erschweren, indem vor einer Rücksendung beim Kunden Aufwand und Engagement nötig werden. Wie bei der Nicht-Übernahme der Rücksendekosten sollen dadurch bei den Käufern Hemmnisse aufgebaut werden, die Waren an den Online-Händler zurückzusenden. Bei manchen Online-Händlern müssen beispielsweise Kunden mit einem Rücksendewunsch zunächst einen schriftlichen Widerruf der Online-Bestellung einreichen. Andere Online-Händler, zu denen auch Amazon gehört, legen beispielsweise keine Rücksendescheine bei. Die Kunden müssen somit die Rücksendescheine im Kundenkonto downloaden und anschließend selbst ausdrucken. Damit sollen sogenannte „Hassle Costs" in Form von Aufwand, Zeit und Kosten erzeugt werden, die die Wahrscheinlichkeit einer Retoure senken sollen.[42]

Für Online-Händler eine schwierige Situation

Dabei darf aber nicht vergessen werden, dass der Grat, auf dem sich ein Online-Händler hier bewegt, ein schmaler ist: Auf der einen Seite kosten Rücksendungen den Online-Händler viel Geld, sodass dieser sich einen möglichst beschwerlichen Rücksendeprozess wünscht, um die Anzahl der Retouren gering zu halten. Auf der anderen Seite könnte jedoch ein für den Kunden aufwendiger Rücksendeprozess zu einem Rückgang der Bestellungen führen. Für 84 % der Verbraucher ist beispielsweise die Mitlieferung eines Retourenscheins ein wichtiges Servicemerkmal.[43] Zusätzlich kann festgehalten werden, dass viele

---

[41] IFH Köln 2016.

[42] Walsh/Möhring 2015, S. 3 f.

[43] Deges 2017, S. 25.

Online-Shopper bewusst nach Online-Händlern suchen, die einen einfachen und möglichst kostenlosen Rücksendeprozess ermöglichen.

Um die schwierige Situation für Online-Händler besser nachvollziehen zu können, lohnt es sich, einen Blick auf das Konzept des Nettoretourenwerts zu werfen. Oftmals wird davon ausgegangen, dass Retouren für ein Unternehmen Kosten und Wertverlust bedeuten. Dies scheint intuitiv nachvollziehbar, schließlich müssen retournierte Waren z. B. begutachtet und wiederaufbereitet werden. Trotzdem sind sie in vielen Fällen nicht mehr zum Originalpreis verkaufbar, z. B. weil es leichte Kratzer am Gehäuse eines Produktes gibt, die beim Auspacken des Produkts entstanden sind und nicht ohne großen Aufwand entfernt werden können.

Dennoch kann eine Retoure auch einen positiven Wertbeitrag leisten. Dazu muss man sich das Konzept des Nettoretourenwerts vor Augen führen, der die wirtschaftlichen Auswirkungen einer Retoure darlegt. Dieser kann berechnet werden, indem man zunächst von dem erwarteten Wiederverkaufswert ausgeht (siehe Abb. 4.5). Davon müssen die Akquisitionskosten abgezogen werden. Darunter werden die Aufwendungen verstanden, die für die Güterrückführung nötig sind, z. B. das nötige Rückporto, aber auch der ursprüngliche Verkaufspreis als Opportunitätskosten. Abgezogen werden ebenfalls noch die Bearbeitungskosten für die Retoure. Somit wäre der wirtschaftliche Wert einer Retoure im Regelfall immer negativ. Dennoch kann eine Retoure auch einen positiven Wertbeitrag leisten. So kann der Nettoretourenwert gesteigert werden, indem Kunden sich finanziell an der Bearbeitung der Retoure beteiligen, z. B. durch die bereits angesprochenen Rücksendegebühren. Liegen zudem auch noch positive

Abb. 4.5 Die Berechnung des Nettoretourenwerts. (Quelle: Eigene Darstellung in Anlehnung an Asdecker 2014, S. 21)

Retourenanlieferung Laderampe
- Entladung und Sendungsübergabe durch den Versanddienstleister
- Warenannahme durch den Online-Händler

Erfassung der Retourenanlieferung
- Scannen des Rücksendeetiketts der Verpackung
- Aufruf und Identifizierung des Ursprungsauftrages im IT-System
- Öffnung und Entpackung der Rücksendung

Prüfung Wareneingang
- Prüfung der Einhaltung der Widerrufsfrist
- Prüfung Vollständigkeit und Richtigkeit der zurückgesendeten Artikel
- Verarbeitung des beiliegenden Retourenscheins im System (Eingabe Retourengründe)
- Vereinzelung des Paketinhaltes bei mehreren zurückgesendeten Artikeln
- Scannen der Artikel

Aufbereitung der vereinzelten Artikel
- Kategorisierung der Artikel nach Gebrauchsspuren und Grad einer Beschädigung
- Prüfung eines Wertersatzanspruches bei übermäßiger Artikelnutzung
- Auslösung der Kaufpreiserstattung bei Nichtbeanstandung
- Aufbereitung (Reinigung, Reparatur) wiederverwertbarer Artikel
- Auswahl der Verwertungsoption (Neuware, Gebrauchtware)
- Aussortierung Artikel zur Rücksendung an den Lieferanten (Garantiefall, Chargenfehler)
- Aussortierung nicht mehr verwertbarer Artikel

Verpackung und Wiedereinlagerung der wiederverwertbaren Artikel
- Neuverpackung der Artikel
- Wiedereinlagerung Regalplatz Retourenlager
- Freigabe für erneuten Abverkauf im IT-System (Lagerverwaltung, Warenwirtschaftssystem, Onlineshop)

Abb. 4.6 Die Abfolge der Prozessschritte der Retourenabwicklung. (Quelle: Deges 2017, S. 32)

Erfahrungen mit dem Rücksendeprozess vor, so können die Kundenzufriedenheit und die Kundenbindung ausgebaut werden, sodass der Kundenwert insgesamt durch die zukünftig zu erwartenden Umsätze steigt.[44]

4.1.6 Retourenabwicklung

Der Prozess der Retourenbearbeitung lässt sich in verschiedene Schritte unterteilen (siehe   Abb. 4.6). Damit überhaupt eine Bearbeitung

---

[44] Asdecker 2014, S. 21 f.

stattfinden kann, muss die retournierte Ware zunächst angeliefert werden. Anschließend wird die Ware entgegengenommen und der dazugehörige Auftrag abgerufen. Danach wird der Zustand der Ware geprüft. Im besten Fall kann die Ware wiederverwendet werden, sodass die Rückzahlung an den Kunden eingeleitet werden kann. Die Rückzahlung kann aber auch verweigert werden, z. B. wenn zurückgesendete Kleidung nachweislich Spuren einer Nutzung aufweisen. Wiederverwendbare Artikel müssen anschließend ggfs. aufbereitet und wieder neu verpackt werden. Die retournierte Ware ist nun wieder verkaufsfähig, sodass sie für den erneuten Verkauf eingelagert und in den Warenbestand aufgenommen werden kann.

Die Retouren lassen sich entsprechend ihres Zustandes entweder als Neuware oder nur noch als Gebrauchtware vermarkten:[45]

- **A-Retouren:** Diese retournierten Waren befinden sich in einem einwandfreien Zustand und können direkt wieder verkauft werden.
- **B-Retouren:** Bevor diese Waren eingelagert werden können, sind kleinere Arbeiten an ihnen nötig, da sie leichte Gebrauchsspuren aufweisen.
- **C-Retouren:** C-Retouren weisen hingegen starke Gebrauchsspuren auf. Diese Spuren sind so stark, dass diese Waren nur noch als preisreduzierte Gebrauchtware vermarket werden können.
- **D-Retouren:** Diese Waren weisen so starke Beschädigungen auf oder sind defekt, sodass sie nicht mehr veräußert werden können. Für den Online-Händler können hier sogar noch Entsorgungskosten anfallen.

Ein zentraler Kritikpunkt am E-Commerce: Die Entsorgung von Retouren

Grundsätzlich ist zunächst einmal positiv zu werten, dass eine Vielzahl der Retouren direkt wieder als Neuware vermarktet werden kann. Von rund 280 Mio. Retouren in Deutschland im Jahr 2018 wurden ca. 221 Mio. direkt wieder als A-Ware verkauft und immerhin 36,4 Mio. als B-Ware. 5,9 Mio. davon wurden an externe Verwerter

---

[45] Asdecker 2014, S. 118 f.; Deges 2017, S. 33.

verkauft und 2,5 Mio. gespendet, z. B. an soziale Einrichtungen. Problematisch gesehen werden jedoch die rund 11 Mio. Retouren, die keiner Verwendung zugeführt, sondern direkt entsorgt werden.[46] Die Gründe sind unterschiedlich: Manche Retouren können aus hygienischen Gründen nicht wiederverkauft werden, bei anderen Retouren sind die Wiederaufbereitungskosten höher (man denke in diesem Zusammenhang an die Prozesskosten einer Retoure von bis zu 17,70 €) als die Umsätze, die noch mit diesem Artikel zu erzielen sind.

E-Commerce-Unternehmen sollten vor der Entsorgung ihrer Retouren gründlich prüfen, ob ein Artikel nicht doch so aufbereitet werden kann, dass ein Verkauf aus Unternehmenssicht noch sinnvoll ist. Hierbei können auch digitale Technologien helfen, z. B. indem AR-Brillen bei der Beurteilung des Zustands eines Artikels unterstützen.[47] Eine künstliche KI wiederum könnte ausgehend von dem Artikelzustand, verfügbaren Marktinformationen sowie historisierten Verkäufen des gleichen oder ähnlicher Produkte Preisvorschläge entwickeln. Dadurch könnten Online-Händler bei der Einordnung ihrer Retouren unter die Arme gegriffen und die Entsorgung eigentlich verkaufsfähiger Produkte verhindert werden. Wenn ein Wiederverkauf nicht möglich ist, dann sollten E-Commerce-Unternehmen die Spende an soziale Einrichtung in Betracht ziehen. Scheidet auch diese Variante aus, z. B. aus den erwähnten hygienischen Gründen oder der fälligen Umsatzsteuer, dann sollten diese Artikel, wenn es möglich ist, der Wiederverwertung zugeführt werden (siehe dazu auch Abschn. 4.2.2).

4.2 Verpackung

Löst der Kunde nach einer positiven Kaufentscheidung eine Bestellung physischer Güter aus, so werden im Unternehmen verschiedene logistische Prozesse ausgelöst, z. B. Verpackungs-, Lager- und Transportprozesse. Die Verpackungsprozesse sind darauf ausgerichtet,

---

[46] Jauernig/Braun 2019.
[47] Straede et al. 2020, S. 114 f.

die physischen Güter so zu sichern, dass sie unversehrt zum Empfänger gelangen. Dadurch soll Beschwerden und Retouren der Kunden zuvorgekommen werden. Dies kann jedoch dazu verleiten, z. B. besonders viel Polstermaterial einzusetzen, um einen möglichst schadensfreien Transport der Waren zu erreichen. Solch ein Vorgehen widerspricht jedoch dem Sinne der ökologischen Nachhaltigkeit, bei dem ressourcenschonender gearbeitet werden sollte. Entsprechend sollte Verpackungsmaterial eher eingespart als vermehrt eingesetzt werden.

Dass aber über Optimierungen im Bereich der Verpackungen nachgedacht werden muss, zeigen die nachfolgenden Zahlen: So wurden im Jahr 2020 im Bereich der privaten und der gewerblichen Endverbraucher über 4,8 Mio. Tonnen Verpackungsmüll aus Transport- und Umverpackungen eingesammelt. Allein auf Papier, Pappe und Karton entfielen fast drei Millionen Tonnen.[48] Insgesamt wurden in Deutschland bei den privaten Haushalten im Jahr 2020 6,5 Mio. Tonnen Verkaufsverpackungen bei privaten Haushalten eingesammelt. Das entspricht pro Kopf 78 kg. Davon entfallen 32 kg auf Leichtverpackungen aus Kunststoffen und Leichtmetallen wie z. B. Aluminium oder Weißblech (2,7 Mio. Tonnen gesamt). Glasverpackungen machen 25 kg pro Kopf aus (2,1 Mio. Tonnen gesamt), Verpackungen aus Papier, Pappe und Karton 20 kg pro Kopf (1,7 Mio. Tonnen).[49]

Aktuelle Schätzungen gehen davon aus, dass sich im Versandhandel der Verpackungsmüll um bis zu 45 % reduzieren ließe, z. B. indem Produkte in ihren Originalkartons verschickt werden würden. Das entspricht in etwa 370.000 t Verpackungsmüll.[50] Nachfolgend sollen daher Ansatzpunkte geliefert werden, wie Optimierungen der Verpackungsmaterialien sowie -größen positiv zur ökologischen Nachhaltigkeit beitragen können (siehe Abb. 4.7). Eng verknüpft damit sind die Themenbereiche der Wiederverwendung, der Weiterverwendbarkeit und der Wiederverwertbarkeit der Verpackungsmaterialen, um Rohstoffe einsparen zu können. Auch der Verpackungsprozess selbst

[48] Statistisches Bundesamt 2022a.
[49] Statistisches Bundesamt 2022b.
[50] Umweltbundesamt 2020a.

Abb. 4.7 Ansatzpunkte zur ökologischen Nachhaltigkeit im Bereich Verpackung

kann optimiert werden, sodass Fehler vermieden und Transportschäden minimiert werden.

4.2.1 Materialien

Gemäß der Norm DIN 55405 lassen sich verschiedene Begriffe im Zusammenhang mit der Verpackung unterscheiden:[51]

- **Verpackung:** Dies ist der Begriff für die eingesetzten Mittel und Verfahren zur Erfüllung der Verpackungsaufgabe. Es handelt sich daher um den Oberbegriff für alle Packmittel und Packhilfsmittel.
- **Packgut:** Bei einem Packgut handelt es sich um das zu verpackende oder das bereits verpackte Gut.

---

[51] ten Hompel et al. 2018, S. 9.

- **Packmittel:** Das Packmittel ist ein aus dem Packstoff hergestelltes Erzeugnis mit der Aufgabe das Packgut versand-, lager- und verkaufsfähig zu umhüllen und zusammenzuhalten.
- **Packhilfsmittel:** Packhilfsmittel dienen zusammen mit den Packmitteln dem Zweck des Verpackens und Verschließens.
- **Packstoff:** Hierbei handelt es sich um die Werkstoffe, aus denen Packmittel und Packhilfsmittel hergestellt werden.
- **Packstück:** Das Ergebnis von Packgut und Verpackung und somit für den Einzelversand geeignet.

Verpackungen lassen sich grundsätzlich in drei verschiedene Verpackungsarten unterteilen:[52]

1. **Transportverpackungen:** Diese Verpackungen dienen dem Schutz der Ware und sollen für ein gutes Handling beim Transport sorgen.
2. **Umverpackungen:** Diese bündeln Einzelverpackungen und können ggfs. auch für die Präsentation im Laden genutzt werden. Eine Schutzfunktion geht hiervon i. d. R. nicht aus.
3. **Verkaufsverpackungen:** Diese Verpackungsart dient der Haltbarkeit und dem Schutz der Ware. Auf ihr sind Produktinformationen und meist werbliche Informationen zu finden.

Die verschiedenen Verpackungsfunktionen

Ausgehend von den vorgenannten Verpackungsarten können Verpackungen verschiedene Funktionen ausüben, von denen unterschiedliche Anforderungen an die Verpackung ausgehen (siehe Abb. 4.8):

- Schutzfunktion,
- Lager- und Transportfunktion,
- Identifikations- und Informationsfunktion,
- Verwendungsfunktion und
- Verkaufsfunktion.

---

[52] Wehking 2020, S. 412.

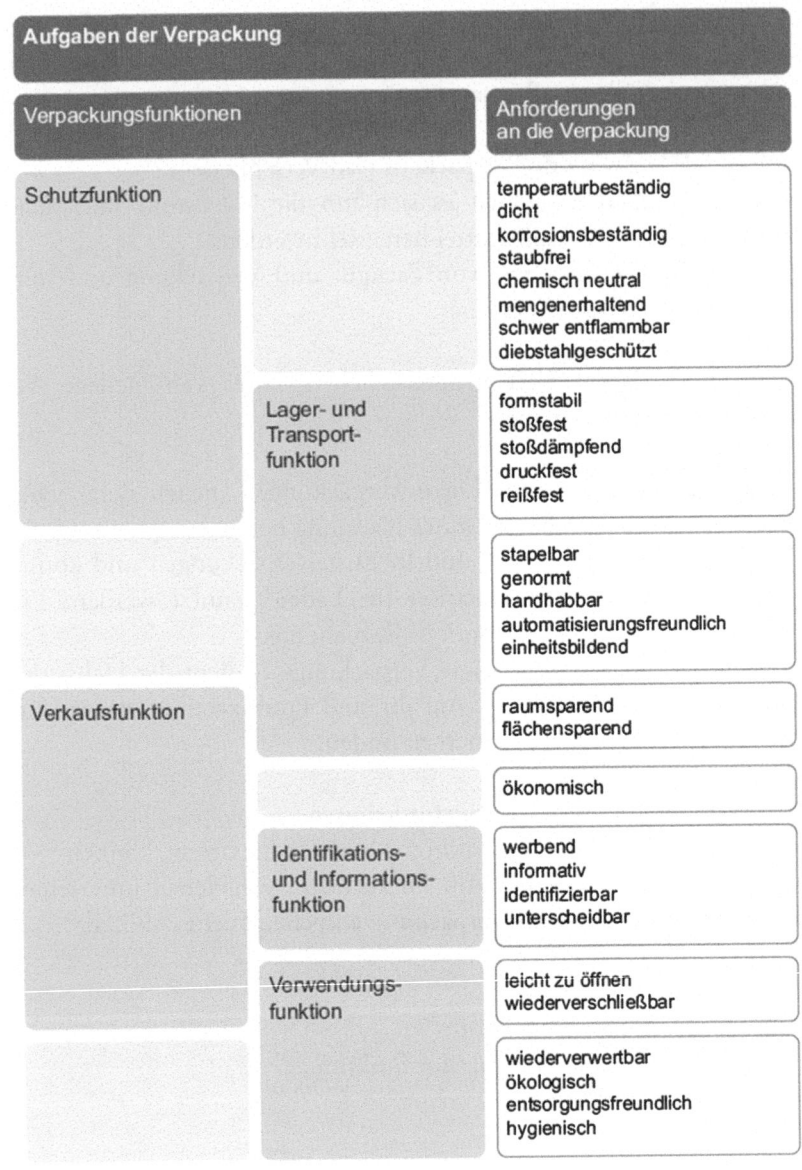

Abb. 4.8 Die Anforderungen an die Verpackung nach Funktion. (Quelle: ten Hompel et al. 2018, S. 7)

Die Verkaufsfunktion ist gerade für Produkte im stationären Einzelhandel von großer Bedeutung: Hier stehen oftmals viele gleichartige Produkte direkt nebeneinander, sodass die Kunden über die Verpackung zum Kauf angeregt werden müssen, z. B. Müsli. Im E-Commerce hingegen spielt die Verkaufsfunktion der Verpackung eine eher untergeordnete Rolle, schließlich muss der Kunde hier nicht über die Verpackung aktiviert werden. Dennoch darf die Rolle der Verpackung nicht unterschätzt werden. Produkte, die nicht in einer unversehrten oder in einer minderwertigen Verpackung geliefert werden, können beim Käufer Misstrauen erzeugen und die Bereitschaft für eine Retoure deutlich erhöhen.

Die Verantwortung für Verpackungsabfälle
Unstrittig ist jedoch, dass der E-Commerce für einen erhöhten Bedarf an Verpackungsmaterialen verantwortlich ist – schließlich sollen die bestellten Waren unversehrt zu den Käufern gelangen. Viele der eingesetzten Packmittel haben jedoch eine sehr begrenzte Lebensdauer: Man denke in diesem Zusammenhang beispielsweise an Kartons, die lediglich für den Transport der eigentlichen Waren zu den Endkunden eingesetzt werden und anschließend sofort entsorgt werden. Somit ist der Online-Handel mit seinem stetigen Umsatzwachstum auch für ein großes Müllaufkommen verantwortlich. Weil dies aber auch für traditionelle Bereiche des Handels gilt, so gibt es bereits seit den 1990er-Jahren gesetzliche Vorgaben wie die Verpackungsverordnung (mittlerweile Verpackungsgesetz) oder das Kreislaufwirtschaftsgesetz. Diese gesetzlichen Vorgaben verfolgen die Zielsetzungen, Abfälle insbesondere auch aus Verpackungen zu vermeiden, zu verringern, die Wiederverwendung anzuregen oder auch Abfälle ordnungsgemäß zu entsorgen. Dabei wurde auch die Verantwortung der Hersteller und der nachfolgendenden Vertreiber der Produkte für den anfallenden Verpackungsmüll deutlich betont, indem sie nun beispielsweise verpflichtet sind, von ihnen in Umlauf gebrachte Transportverpackungen unentgeltlich zurückzunehmen.[53]

---

[53] § 15 Absatz 1 VerpackG.

Für den Online-Handel ergeben sich nun verschiedene Möglichkeiten, im Bereich der Verpackung ökologisch-nachhaltiger zu agieren:

- Reduktion des Verpackungsmaterials,
- Substitution des eingesetzten Materials, sowie
- Vermeidung des Einsatzes von Verpackungsmaterial.

Reduktion des Verpackungsmaterials

Die Größe der Versandkartons und Produktverpackungen im E-Commerce übersteigt oftmals das Produktvolumen, sodass 60 % der Lieferungen mehr als 25 % Leervolumen aufweisen.[54] Um das Leervolumen zu reduzieren, setzen viele E-Commerce-Unternehmen bereits heute auf automatisierte Lösungen, die den Mitarbeitern die zu einem Auftrag passenden Versandmaterialien vorgeben. Mit Hilfe von AR wäre es sogar möglich, dass Mitarbeiter angezeigt bekommen, wie sie das zur Verfügung stehende Volumen eines Kartons optimal nutzen können – statt nach zu großen Kartons zu greifen.[55] Aus einer Reduktion des Leervolumens können vielfältige Vorteile resultieren:

1. **Material- und Kosteneinsparungen:** Das Unternehmen muss weniger Verpackungsmaterial einsetzen, da die zur Verfügung stehenden Verpackungen optimal genutzt und somit selten unnötig große Verpackungen eingesetzt werden. Durch die Materialeinsparungen sinken entsprechend auch die Ausgaben für Verpackungs- und Füllmaterial. Geringere Ausgaben für Verpackungsmaterial führen auch zu geringeren Produktionsmengen an Verpackungsmaterial, was sich positiv z. B. auf den Materialeinsatz und den Energieverbrauch auswirken kann.
2. **Bessere Auslastung der Transportmittel:** Weil das in den Verpackungen vorhandene Volumen besser genutzt wird, entstehen

---

[54] e-commerce Magazin 2020a.
[55] Mättig et al. 2016, S. 2 f.

kleinere Luftzwischenräume in den Verpackungen. Durch diese bessere Nutzung des Verpackungsvolumens können die Transportmittel besser ausgelastet werden, da weniger Leerraum transportiert wird. Dadurch kommt es zu weniger transportbedingten Emissionen.

3. **Geringere Schäden auf dem Transportweg:** Durch die kleineren Luftzwischenräume in den Verpackungen steigt der Schutz vor Transportschäden, da die enthaltenen Waren weniger Raum für Bewegung haben. Die verminderten Transportschäden führen zu einer geringeren Retourenquote.

Kann eine Retoure z. B. aufgrund eines Transportschadens nicht verhindert werden, so lässt sich auch hier Verpackungsmaterial einsparen. Online-Händler sollten daher Versandverpackungen einsetzen, die auch im Fall einer Rücksendung erneut eingesetzt werden können. Einige Online-Händler setzen dazu beispielsweise auf Versandverpackungen, bei denen die Verpackung beim Öffnen wenig beschädigt wird. Im Regelfall können diese Verpackungen somit auch mühelos wieder verschlossen werden, was auch bei den Kunden für Zufriedenheit sorgen dürfte.

Darüber hinaus enthalten vielen Paketsendungen Beilagen wie beispielsweise Retourenscheine, Flyer, Zeitschriften, Gutscheincodes und Produktproben. Auf diese Beilagen sollte aus Gründen der ökologischen Nachhaltigkeit verzichtet werden, denn viele dieser Paketbeilagen werden von den Kunden nicht berücksichtigt oder genutzt – schließlich hat er diese weder bestellt noch explizit darum gebeten. Gerade die Beigabe der Retourenscheine sollte überdacht werden, um hier Hemmnisse für eine Retoure aufzubauen.

Substitution des eingesetzten Materials

Im Sinne der ökologischen Nachhaltigkeit kann es für viele Online-Händler sinnvoll sein, sich eingehender mit den Verpackungen zu beschäftigen. Vielfach ergeben sich durch eine Substitution der dort eingesetzt Materialien Möglichkeiten, ökologisch-nachhaltiger zu handeln. Dieses Vorgehen ist für Unternehmen jedoch nicht immer trivial: So ergab eine durch PwC Deutschland durchgeführte Studie, dass 85 % der Verbraucher zwar Wert auf nachhaltige Verpackungen legen, aber lediglich 77 % der Befragten sind nicht dazu bereit, für nachhaltige Alternativen mehr zu bezahlen.[56]

Wie bereits dargelegt wurde, werden im Bereich der Verpackungen die Materialien Pappe und Karton bevorzugt im E-Commerce eingesetzt. Grundstoff hierbei bildet pflanzliche Faserstoffe, die i. d. R. aus Holz gewonnen werden. Deutschland ist dabei der größte Papierproduzent in der EU. Um die für die Papierproduktion in Deutschland nötigen Ressourcen zu bekommen, müsste das gesamte Holz zur Verfügung gestellt werden, das durchschnittlich in Deutschland pro Jahr geschlagen wird. Weil das Holz jedoch auch anderweitig genutzt wird, z. B. für Möbel, müssen rund 80 % der benötigten Ressourcen importiert werden. Hauptlieferanten hierfür sind die Länder Finnland, Schweden, Kanada, Brasilien, Chile, Uruguay und Indonesien. Dies ist jedoch nicht ohne Brisanz: Finnland selbst importiert viel Holz aus Russland, um die daraus gewonnen Faserstoffe nach Deutschland zu verkaufen. In Russland wiederum werden dafür viele Urwälder einschlagen. Gleiches gilt für Kanada, aber selbstredend auch für die tropischen Wälder von Brasilien, Chile, Uruguay und Indonesien. Um die Nachfrage nach Holz zu befriedigen, werden oftmals auch Urwälder gerodet, um Platz für Plantagen mit schnellwachsenden Bäumen wie Eukalyptus zu schaffen. Diese Monokulturen bringen jedoch neue Probleme mit sich wie z. B. das Auslaugen des Bodens durch einen einseitigen Nährstoffbedarf, eine Anfälligkeit gegenüber Schädlingen und Sturmschäden sowie die Wasser- und Bodenverschmutzung durch den Einsatz von Pestiziden. Vielfach werden bei der Anlage von Plantagen auch die Landrechte der dort lebenden Waldbevölkerung verletzt und ihnen die Lebensgrundlage entzogen. Aber auch die Produktion von Papier ist nicht ohne Makel, da dort neben Rohstoff Holz große Mengen an Energie, Chemikalien und Wasser eingesetzt werden. So wird für eine Tonne nicht-recyceltes Papier genauso viel Energie benötigt wie für die Produktion von einer Tonne Stahl. Die Papierindustrie ist daher weltweit der fünftgrößte Energieverbraucher.[57]

---

[56] Müller-Kirschbaum/Leopold 2019, S. 432.
[57] Umweltbundesamt 2015.

Möchte ein Online-Händler nun ökologisch-nachhaltiger agieren, dann stellt der Einsatz von Pappe und Karton, das aus recyceltem Papier hergestellt wurde, eine naheliegende Alternative dar. Dies würde sich vielfach positiv auswirken:[58]

- **Niedrigerer Wasserbedarf:** Der Wasserbedarf ist bei der Papierherstellung aus Altpapier zwei- bis sechsmal niedriger als der für die Papierherstellung aus Holz.
- **Geringeres Abfallaufkommen:** Das Abfallaufkommen wird vermindert, da weniger neue Pappe und Kartons produziert werden.
- **Senkung des Energiebedarfs:** Der Gesamtenergiebedarf bei der Papierherstellung aus Altpapier ist drei bis viermal niedriger als der für die Papierherstellung aus Holz.
- **Entlastung der Ressource Holz:** Die Ressource Holz wird geschont und oder kann für andere Nutzungen eingesetzt werden. Auch die Flächenkonkurrenz wird vermindert.
- **Schutz der Lebensräume:** Eine Entlastung der globalen Waldressource kann die Primärwäldern schützen, die Biodiversität erhalten und den Lebensraum der lokalen Bevölkerung sichern.
- **Weniger Transporte:** Durch die Verwendung von Recyclingpapier fallen auch geringere Energieeinsätze für den Transport an, da beispielsweise keine Rohstoffe mehr von Indonesien nach Deutschland geliefert werden müssen.

Der Einsatz von recyceltem Papier kann also mit Blick auf die eingesetzten Ressourcen zu einer nachhaltigen Entwicklung führen. Aber auch für das Unternehmen ergeben sich hierdurch keine Nachteile. So weist Recyclingpapier nahezu die gleichen Eigenschaften auf wie sein Äquivalent, das aus frischem Holz hergestellt wurde. Auch sind diese Recycling-Produkte oftmals günstiger als die neu produzierten. Weil sich viele Konsumenten mittlerweile in Richtung einer nachhaltigeren Lebensweise orientieren, könnte die Nutzung von Produkten aus

---

[58] Umweltbundesamt 2015.

recyceltem Papier sogar zu einer besseren Wahrnehmung bei der Zielgruppe führen.

Die positive Wahrnehmung bei der Zielgruppe kann auch durch die Nutzung von Produkten gesteigert werden, die mit bestimmten Siegeln ausgezeichnet sind. Dies soll exemplarisch am Forest Stewardship Council (FSC) verdeutlich werden. Beim FSC handelt es sich um eine internationale Organisation, die sich die Absicherung wichtiger Umwelt- und Sozialstandards in den Wäldern zum Ziel gesetzt hat.[59] Das FSC bietet insgesamt drei Siegel an, die anzeigen sollen, dass bei einem Produkt diese Standards erreicht wurden:[60]

1. **FSC 100 %:** Dieses Siegel kann für Produkte eingesetzt werden, deren Material zu 100 % aus Wäldern stammt, die ebenfalls vom FSC als vorbildlich zertifiziert wurden, z. B. bei Möbeln.
2. **FSC Recycled:** Dieses Siegel kann auf Produkten verwendet werden, die ausschließlich aus Recyclingmaterial bestehen, z. B. bei Recycling-Papier.
3. **FSC Mix:** Das letzte Siegel kann für Produkte eingesetzt werden, deren Materialen zu mindestens 70 % aus FSC-zertifizierten Wäldern oder Recyclingmaterialien bestehen. Die restlichen Materialien müssen aus kontrollierten Quellen stammen, bei denen keine inakzeptablen Praktiken eingesetzt wurden. Beispiele für Produkte, bei denen ein FSC Mix-Siegel möglich wäre, sind Spanplatten, Papier oder Getränkekartons.

Das vom Bundesumweltministerium geführte Siegel Blauer Engel kennzeichnet umweltschonende Produkte und Dienstleistungen. Ziel dabei ist es, den Nachfragern eine Orientierung für einen umweltbewussten Einkauf zu geben. Damit Produkte und Dienstleistungen mit dem Blauen Engel ausgezeichnet werden können, müssen sie verschiedenen produktspezifischen Anforderungen genügen. Dazu gehören u. a.:[61]

---

[59] FSC 2020, S. 2.
[60] FSC 2020, S. 3 ff.
[61] RAL o. D.

- ressourcenschonende Herstellung (Wasser, Energie, (Recycling-)
  Material),
- nachhaltige Produktion von Rohstoffen,
- Vermeidung von Schadstoffen im Produkt,
- verringerte Emissionen schädlicher Substanzen in den Boden, Luft,
  Wasser und Innenraum,
- Reduktion von Lärm und elektromagnetischer Strahlung,
- effiziente Nutzung, bspw. energie- oder wassersparende Produkte,
- Langlebigkeit, Reparatur- und Recyclingfähigkeit,
- gute Gebrauchstauglichkeit,
- Einhaltung von internationalen Arbeitsschutzstandards sowie
- Rücknahmesysteme und Dienstleistungen mit gemeinschaftlicher
  Nutzung, bspw. Carsharing

Solche Siegel sind jedoch nicht frei von Kritik. Beim Blauen Engel wird beispielsweise oftmals kritisiert, dass viele relevante Umweltkriterien nicht geprüft oder erst spät in die Liste der Vergabekriterien aufgenommen werden. Auch der FSC sieht sich Kritik ausgesetzt. So schreibt der WWF (World Wide Fund For Nature), eine der größten internationalen Umwelt- und Naturschutzorganisationen der Welt, auf seiner Webseite: „Der WWF unterstützt die Arbeit des FSC und rät dazu, beim Einkauf von Papier- und Holzprodukten auf das FSC-Siegel zu achten. Zwar wird dem FSC-Siegel von Kritikern vorgeworfen, nicht perfekt zu sein. Und das ist es leider auch nicht. Aber das FSC-Siegel ist das anspruchsvollste, das wir zurzeit international finden können. FSC ist auf einem guten Weg, denn es schafft Transparenz, indem es mit verschiedenen Mechanismen auf Missstände reagieren kann – bis hin zum Entzug des FSC-Zertifikats."[62]

Als hilfreich können sich hier auch Bemühungen der Verpackungsindustrie erweisen, die auf der Suche nach Alternativen zu holzbasierten Verpackungen sind und dabei auch auf industrielle Abfallprodukte setzen. So gibt es bereits Kartons und Pappen auf der Basis von Grasfasern oder Kakaoschalen – eigentlich ein Abfallprodukt des

---

[62] WWF Deutschland 2021.

Kakaoanbaus. Bagasse ist ein Abfallprodukt der Zuckerproduktion und bezeichnet die Reste, die nach dem Auspressen von Zuckerrohr vorhanden sind. Die Bagasse kann ebenfalls als Ersatz für Pappe eingesetzt werden und gilt als besonders robust und hitzebeständig.[63]

Das zweite für den E-Commerce besonderes relevante Material im Bereich der Verpackungen ist der Kunststoff. Dieser weist Eigenschaften aus, die ihn für den Online-Handel vielfach interessant macht. So gelten Kunststoffe u. a. als gut dehnbar und biegbar sowie leicht und witterungsbeständig. Zusätzlich sind sie schlagzäh, d. h. sie können schlagartige Belastungen besser als viele andere Materialien absorbieren.[64] Entsprechend finden sich Kunststoffe z. B. in den Außenverpackungen der Produkte und als Versandverpackung in Beutelform wieder. Aber auch im Transportwesen werden Kunststoffe eingesetzt, z. B. in Form vom Containern und Boxen. Kunststoff gilt daher in vielen Bereichen als unverzichtbar, sodass bis zum Jahr 2050 weltweit insgesamt 43 Mrd. Tonnen an Kunststoffen produziert sein werden – sowohl Neuware als auch wiederverwertete Kunststoffe (Rezyklate).[65]

Aus diesen enormen Mengen ergeben sich jedoch auch Probleme: Lediglich 14 % der weltweiten Kunststoffverpackungen erfahren nach Gebrauch die Zuführung zu einem Recyclingsystem. Weitere 14 % werden per Verbrennung oder energetischer Verwertung entsorgt. Der größte Teil des kunststoffbasierten Verpackungsabfalls, immerhin 40 %, lagert jedoch auf Deponien, während sogar rund 32 % ungefiltert in die Umwelt gelangen.[66] Dies ist besonders problematisch, denn Kunststoffe gelten auch als biologisch nicht abbaubar.

Eine Lösung könnte in dem Einsatz von Rezyklaten liegen, wobei sich hier jedoch ebenfalls einige Probleme ergeben können. Recycelte

---

[63] Rausch Verpackung 2020.
[64] Menges et al. 2011, S. 6.
[65] Orth et al. 2022, S. 3.
[66] Müller-Kirschbaum/Leopold 2019, S. 431.

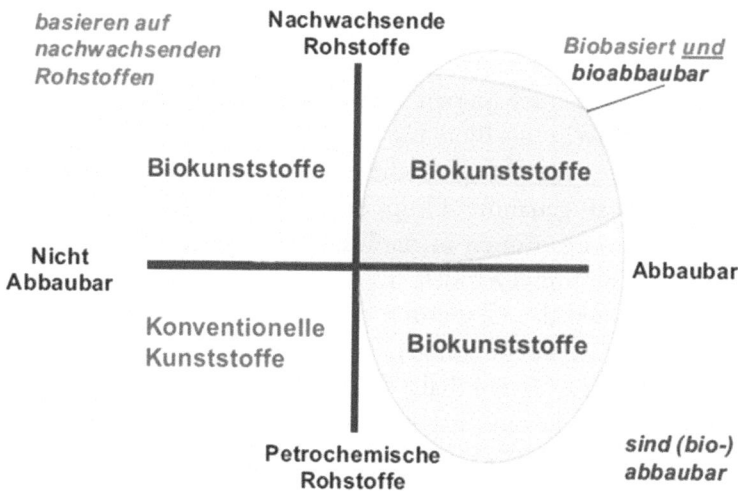

Abb. 4.9 Definition der Biokunststoffe (Albrecht et al., 2016, S. 56)

Kunststoffe sind oft nur in dunkleren Farben erhältlich. Auch kann es zu einem intensiven Geruch des Materials kommen, der z. B. aus verunreinigtem Abfall resultiert. Recyclingmaterialien unterliegen zudem höheren Toleranzen, welche innerhalb der Verpackungsprozesse Probleme verursachen können. Gute Rezyklate sind daher nur in geringen Mengen verfügbar – und oftmals auch recht teuer: Die hohe Nachfrage nach Rezyklaten sorgt mittlerweile dafür, dass bereits Rezyklate mittlerer Qualität oft teurer sind als die Neuware.[67] In der letzten Zeit sind daher einige Versuche zu beobachten, Kunststoffe durch Papier, Karton und Pappe zu ersetzen.

Eine weitere Alternative zu konventionellem Kunststoff stellt der Biokunststoff dar. Biokunststoffe lassen sich entsprechend seiner biologischen Abbaubarkeit in drei Gruppen einteilen (siehe Abb. 4.9):[68]

---

[67] Müller-Kirschbaum/Leopold 2019, S. 437 f.
[68] Müller-Kirschbaum/Leopold 2019, S. 439.

1. Biokunststoffe, die auf nachwachsenden Rohstoffen basieren, aber nicht biologisch abbaubar sind, z. B. Bio-Polyethylenterephthalat (Bio-PET). Diese biobasierten Kunststoffe bestehen vollkommen oder zumindest teilweise aus Biomasse wie Zuckerrohr, Mais oder Cellulose.
2. Biokunststoffe, die auf petrochemischen Rohstoffen basieren und wie die zuerst genannte Gruppe biologisch abbaubar sind, d. h. mittels Mikroorganismen in natürliche Substanzen wie z. B. Wasser und Biomasse umgewandelt werden können. Der Abbauprozess ist jedoch neben der Gestaltung der Verpackung auch von den vorliegenden Umweltbedingungen abhängig. Ein Beispiel hierfür ist Polybutyratadipat-Terephthalat (PBAT).
3. Biokunststoffe, die auf nachwachsenden Rohstoffen basieren und biologisch abbaubar sind, z. B. Polylactide (PLA).

Zusätzlich lassen sich Biokunststoffe auch in die Gruppen „Old Economy" und „New Economy" einteilen. Zu Kunststoffen der Old Economy zählt man beispielsweise Gummi und Linoleum, die schon lange am Markt erhältlich sind. Zu den Kunststoffen der New Economy zählt man entsprechend neuartige Biokunststoffe wie Bio-Polyethylen, die in ihrer chemischen Struktur ihren Fossilen Gegenstücken entsprechen.[69]

Ob Biokunststoffe eine Lösung für das globale Müllproblem darstellen, ist bislang umstritten: Im Rahmen einer Untersuchung, bei der verschiedene angeblich biologisch-abbaubare Kunststofftüten drei Jahre lang verschiedenen natürlichen Umweltbedingungen ausgesetzt wurden, konnte beispielsweise kein signifikanter biologischer Abbau festgestellt werden. Stattdessen werden zum Abbau dieser Biokunststoffe industrielle Kompostieranlagen mit speziellen Bedingungen wie z. B. erhöhter Temperatur benötigt. Biobasierte Kunststoffe, die nicht biologisch abbaubar sind, schonen hingegen zwar die fossilen Rohstoffe, jedoch reduzieren sie nicht das Müllaufkommen.[70]

---

[69] Albrecht et al. 2016, S. 55.
[70] Müller-Kirschbaum/Leopold 2019, S. 438 ff.

Dennoch kann festgehalten werden, dass hier durchaus beachtliche Fortschritte erzielt werden. So wurde im Jahre 2020 die weltweit erste Verpackung vorgestellt, die aus aufgefangenen Kohlenstoffemissionen hergestellt wurde, z. B. aus industriellen Abgasen. Die aufgefangenen Emissionen werden dazu zunächst in Ethanol, dann in Ethylen und anschließend in Polyethylen umgewandelt, der die gleichen Eigenschaften wie sein fossiles Gegenstück aufweist. Der Konzern L'Oréal nutzt dieses so erzeugte Polyethylen bereits für seine Verpackungen.[71] Andere Projekte versuchen, Algen für die Herstellung von Biokunststoffen zu nutzen, z. B. Neptungras, das sich massenhaft an den Stränden des Mittelmeers ansammelt.[72]

Die Verpackung im E-Commerce hat aber noch mehr Funktionen als die reinen Schutz-, Transport- und Lagerfunktion. Sie kann z. B. auch über Produkte informieren oder zur Markenbildung beitragen. Zu diesem Zweck sind viele Außen- und Versandverpackungen bedruckt und mit Etiketten oder Aufklebern versehen. Diese sollten ebenfalls mit Blick auf die Umweltverträglichkeit geprüft werden wie auch die eingesetzten Polstermittel. Auch die eingesetzten Klebstoffe und Farben gilt es zu prüfen, da beispielsweise Farben Mineralöle enthalten können.[73]

Vermeidung des Einsatzes von Verpackungsmaterial

Im E-Commerce ist Wellpappe und Karton das am meisten genutzte Verpackungsmaterial. 85 % der Online-Händler setzen auf Versandkartons aus diesen Materialien. 25 % der Online-Händler setzen zudem z. B. für Bücher und Consumer Electronics auf Falttaschen aus Papier oder Pappe. 20 % der Händler setzen statt auf standardisierte Versandverpackungen auf Varianten aus Wellpappe, die an das Packgut angepasst werden können – insbesondere bei Produkten aus den Bereichen Bürobedarf und Schreibwaren, Bücher und Medien, Spielwaren und Babyartikel, Nahrungs- und Genussmittel, Consumer

---

[71] Packaging journal 2020a.
[72] Packaging journal 2020b.
[73] Flasbarth 2013, S. 2 f.

Electronics sowie Drogerie und Parfümerie. 15 % der Online-Händler setzen auch auf kunststoffbasierte Versandtaschen, um Produkte aus den Bereichen Sport und Freizeit, Fashion und Accessoires, Health und Wellness, DIY und Garten sowie Drogerie und Parfümerie zu versenden.[74]

Online-Händler sollten sich daher gut überlegen, ob nicht gerade im Bereich des Versands Verpackungen eingespart werden können. Viele Produkte verfügen bereits über stabile und gut transportierbare Verkaufsverpackungen. Im Inneren sorgen Polstermittel wie z. B. Styropor oder Luftkissen dafür, dass auch Stöße dem Produkt nichts anhaben können. In vielen Fällen könnte daher auf den Einsatz von Versandverpackungen verzichtet und das Produkt in seiner Verkaufsverpackung versendet werden. Die Verkaufsverpackung sollte daher idealerweise so entworfen werden, dass sie gleichzeitig auch als Versandverpackung fungieren kann.[75]

Der Wunsch der Konsumenten, weniger Verpackungsmaterial einzusetzen, zeigt sich auch im Online-Handel mit Lebensmitteln: Hier kritisieren Verbraucher vor allem die Sekundärverpackungen, die ein bereits verpacktes Produkt umgeben. Diese werden nicht nur als überflüssig, sondern auch als besonders schädlich angesehen. Es sollte daher versucht werden, die eigentliche Produktverpackung so zu stärken, dass man mit nur einer Schutzschicht um das Produkt herum auskommen kann.[76]

4.2.2 Wiederverwendung, Weiterverwendung und Wiederverwertung

Im vorangegangenen Abschnitt wurde dargelegt, wie durch Reduktion, Substitution und Vermeidung von Verpackungsmaterial ökologischnachhaltig gehandelt werden kann. Mit Blick auf die Verpackung

---

[74] Schmidt et al. 2020, S. 38.

[75] Schmidt et al. 2020, S. 41.

[76] Packaging journal 2018.

sollten nun die Wiederverwendung, Weiterverwendung und Wiederverwertung der Verpackungen thematisiert werden, da sich auch hier den Händlern verschiedene Ansatzpunkte bieten.

Die Wiederverwertung von Verpackungen

Die Wiederverwendung ist die Nutzung von Erzeugnissen für denselben Zweck, der ursprünglich dafür vorgesehen ist. Ein Beispiel im Bereich der Transportverpackungen liefert die memo Box des Online-Händlers memo AG. Dort kann man sich die bestellten Produkte in einer Mehrwegbox aus recyceltem Kunststoff liefern lassen, die auch mit dem Blauen Engel ausgezeichnet ist. Diese Box kann man nun gegen eine Gebühr behalten, man kann sie für Rücksendungen nutzen oder man kann sie einfach kostenlos zurücksenden.[77]

Ein interessantes Beispiel für die Wiederverwendung von Verpackungen zeigt sich beim Fast-Food-Unternehmen Burger King. Um Verpackungsmüll zu reduzieren, testet das Unternehmen abfallfreie Verpackungen, die gereinigt und wiederverwendet werden können. In den teilnehmenden Filialen müssen die Kunden dafür einen Pfandbetrag entrichten. Bei einer Rückgabe der Verpackungen bei dafür vorgesehenen Sammelsystemen können die Kunden den zuvor entrichteten Pfandbetrag zurückerhalten. Die benutzten Verpackungen werden anschließend von einem Dienstleister gereinigt und wieder zur Verfügung gestellt[78] Damit ein solches System insgesamt als nachhaltig erachtet werden kann, müssen u. a. die anfallenden Transporte, die Herstellung der Sammelsysteme und die damit verbundenen Wartungs- und Reparaturarbeiten sowie das Reinigen der Verpackungen ressourcenschonender sein als die Nutzung von Einwegverpackungen.

Die wesentlichen Vorteile, die durch den Einsatz von Mehrwegsystemen entstehen können, sind auf der einen Seite Materialeinsparungen und auf der anderen Seite Imagegewinne für das Unternehmen. Nachteile bestehen vor allem in der Kapitalbindung

---

[77] Memo o. D.
[78] Packaging journal 2020c.

durch die Rücknahmesysteme und den mit den Systemen verbundenen Kosten für Wartung und Reparatur. Aber auch die Materialkosten können steigen, weil die Herstellkosten der wiederverwendbaren Verpackungen oftmals höher sind und diese nach der Benutzung gereinigt werden müssen.[79]

Die Weiterverwendung der Verpackung

Von Weiterverwendung wird gesprochen, wenn Erzeugnisse in einem anderen Kontext als den ursprünglich vorgesehenen genutzt werden. Ein Beispiel hierfür sind Marmeladengläser, die als Einmachgläser genutzt werden, sobald sie geleert wurden. In diesem Zusammenhang wird auch oft von Upcycling gesprochen. Beim Upcycling werden Produkte, die als Abfall angesehen werden können, in eine bessere Version ihrer selbst verwandelt oder anderweitig verwendet. Im Gegensatz zum Recycling wird hier das Produkt keinem industriellen Prozess unterzogen. Ein Beispiel hierfür sind die Europaletten, die mittlerweile vielfach zu Tischen, Sofas und Sesseln umfunktioniert werden.[80] Der Smoothie-Hersteller true fruits verkauft seine Produkte in Glasflaschen, für die man wiederum im Webshop des Unternehmens Aufsätze kaufen kann. Durch diese Flaschenaufsätze lassen sich die Flaschen nun z. B. auch als Pfeffermühle, Zuckerstreuer oder als Aschenbecher nutzen.

Die thermische und stoffliche Wiederverwertung

Die Wiederverwertung kann unterteilt werden in die thermische und die stoffliche Verwertung. Bei der thermischen Verwertung werden die Materialen als energetisch genutzt, indem sie verbrannt werden. Dieses ist besonders dann interessant, wenn das eingesetzte Material einen hohen energetischen Beitrag liefern kann und als Ersatzbrennstoff für z. B. Steinkohle oder Heizöl fungieren kann.[81] Dennoch werden bei der

---

[79] Deckert 2021, S. 32.
[80] Bernard-Rau/Schnerring 2022, S. 118.
[81] Bayerisches Landesamt für Umwelt 2020.

thermischen Verwertung wertvolle Ressourcen vernichtet, weshalb diese Verwertungsart nicht im Fokus stehen sollte.

Die stoffliche Verwertung wird allgemein auch als Recycling bezeichnet und gewinnt Rohstoffe, sogenannte Sekundärrohstoffe, aus den entsorgten Materialien. Diese können anschließend wieder neu verwertet werden. Es wird geschätzt, dass bis zum Jahr 2025 sämtliche Konsumgüterverpackungen zu 100 % recyclingfähig sind.[82] In der Praxis handelt es sich bei der stofflichen Wiederverwertung jedoch oftmals um ein Downcycling, da viele Rezyklate schlechtere Eigenschaft aufweisen als ihre Ausgangsmaterialien.[83] Online-Händler sollten daher vor allem Möglichkeiten prüfen, die sich für ihre Verpackungen im Bereich der Wiederverwendung und der Weiterverwendung ergeben.

4.2.3 Verpackungsprozess

Bereits vor dem eigentlichen Verpacken der bestellten Artikel ergeben sich Möglichkeiten, ökologisch-nachhaltig zu handeln. Diese liegen vor allem in der Minimierung der Retourenzahlen, indem Fehler bei der Kommissionierung vermieden werden. Unter der Kommissionierung wird das Zusammenstellen der Artikel verstanden, die zu einer Bestellung gehören. Werden hier die falschen Artikel ausgewählt, so wird dies im Regelfall Frust bei den Kunden und Retouren auslösen. Um Fehler bei der Zusammenstellung der Artikel zu vermeiden, haben sich verschiedene Verfahren der Kommissionierung etabliert, die in die belegbehaftete und die beleglose Kommissionierung unterteilt werden können:[84]

- **Belegbehaftete Kommissionierung:** Hier werden die verschiedenen Artikel einer Bestellung mithilfe einer Kommissionierliste zusammengestellt. Auf dieser Liste sind die einzusammelnden Artikel

---

[82] Müller-Kirschbaum/Leopold 2019, S. 440 ff.
[83] Türk 2014, S. 69 f.
[84] Wehking 2020, S. 722 ff.

aufgeführt. Dieses Verfahren gilt als besonders fehleranfällig, da das Ergebnis stark von dem Kommissionierer abhängig ist.

- **Beleglose Kommissionierung:** Um die Fehlerquote der beleg-behafteten Kommissionierung zu vermeiden, kann der Kommissioniervorgang auch technologisch unterstützt werden. Bei Pick-by-Scan müssen beispielsweise die Barcodes der eingesammelten Artikel bei der Entnahme von ihrem Lagerplatz eingescannt werden, sodass deren Korrektheit bestätigt werden kann. Bei Pick-by-Voice werden die Informationen, die für die Kommissionierung nötig sind, per Headset an den Kommissionier weitergegeben. Um auch hier eine möglichst korrekte Kommissionierung zu ermöglichen, müssen bei diesem Verfahren meist Prüfnummern bestätigt werden, z. B. die Artikelnummern. Pick-by-Light ist ein relativ neues Kommissionier-verfahren, bei dem eine optische Anzeige an dem Entnahmeort dem Kommissionierer anzeigt, welche Artikel in welcher Anzahl zu ent-nehmen sind. Amazon nutzt dieses System beispielsweise in seinen Lagern für kleinere Artikel: Dort werden zunächst die Regale mit den Artikeln autonom zu den Kommissionierern gebracht. Anschließend werden die Fächer der Regale erleuchtet, an denen Artikel zu ent-nehmen sind.

Die Kommissionierung mithilfe von Augmented Reality

Studien haben gezeigt, dass visuell unterstützte Kommissionierungsver-fahren zu weniger Fehlern bei der Kommissionierung führen.[85] Eine weitere interessante Möglichkeit des beleglosen Kommissionierens bietet daher der Einsatz von Augmented Reality. Über eine Datenbrille werden dem Mitarbeiter die benötigten Informationen angezeigt, z. B. die Artikel, die Anzahl und der Lagerplatz. Um Fehler zu vermeiden, muss der Barcode der entnommenen Artikel über die Datenbrille ein-gescannt werden.[86]

---

[85] Mättig et al. 2016, S. 2.
[86] Straede et al. 2020, S. 116 f.

Wird anschließend auch AR im Verpackungsprozess eingesetzt, dann ergeben sich dadurch zusätzlich auch Möglichkeiten, die Verpackungsqualität zu erhöhen. Dies wurde bereits in Abschn. 4.2.1 thematisiert, bei dem es u. a. um die Vermeidung des Einsatzes von Verpackungsmaterial und die optimale Ausnutzung des Platzes ging. Durch eine bessere Ausnutzung des Volumens der zur Verfügung stehenden Kartons können Material- und Kosteneinsparungen realisiert, Transportmittel besser ausgelastet und Emissionen reduziert sowie Schäden auf dem Transportweg minimiert werden. Studien zeigen, dass sich die Kosten durch den Einsatz von AR im Verpackungsprozess um bis zu 30 % reduzieren lassen, z. B. durch bessere Durchlaufzeiten beim Verpackungsvorgang. Zusätzlich wurde das Volumen der Verpackungen um bis zu 19 % besser ausgelastet. Ebenfalls konnte beobachtet werden, dass durch den Einsatz von AR im Verpackungsprozess eine gleichbleibende und hohe Qualität bei der Verpackung erreicht werden kann, was sich auch positiv auf die Wahrnehmung des Unternehmens beim Kunden auswirken kann.[87]

4.3 Logistik

Nachdem die Ware im Lager kommissioniert, verpackt und bereitgestellt wurde, erfolgt der Transport zum Besteller. Doch auch darüber hinaus können entlang der gesamten Wertschöpfungskette weitere Transporte nötig werden, z. B.

- beim Einkauf neuer Waren,
- beim Transport von Waren von einem Produktionsstandort in ein Regionallager,
- beim Ausgleich von Lagerbeständen unterschiedlicher Lager, oder
- bei der Retoure von verkauften Produkten.

---

[87] Mättig et al. 2016, S. 7 f.

Abb. 4.10 Ansatzpunkte zur ökologischen Nachhaltigkeit im Bereich Logistik

Durch den Zuwachs webbasierter Bestellungen steigt auch die Anzahl der benötigten Transporte und somit auch der Bedarf an Transportmitteln und Kraftstoffen, welche oftmals noch auf fossilen Rohstoffen basieren. Diese stetig wachsende Anzahl an Transporten führt daher u. a. zu ebenfalls anwachsenden Emissionen und einer vermehrten Freisetzung von Feinstaubpartikeln, was die Umwelt stärker belastet.

Da nicht von einer Reduktion des Bestellvolumens im Online-Handel ausgegangen werden kann, bedarf es Ansätze, um der Umweltbelastung entgegenzuwirken, die von der stetig steigenden Anzahl der Transporte ausgeht. Dazu werden vielfältige Möglichkeiten diskutiert: alternative Transportmittel, nachhaltige Kraftstoffe, intermodale Verkehrslösungen sowie logistische Umstrukturierungen (siehe Abb. 4.10). Aber auch im Bereich der Zustellung und des Lagers gibt es Möglichkeiten, die Umweltbelastungen zu reduzieren.

4.3.1 Transportmittel

Verschiedene Transportmittel realisieren im E-Commerce die anfallenden Transporte, z. B. Transporter, LKWs, Züge oder Schiffe. Diese wiederum setzen für ihren Betrieb oftmals noch auf konventionelle Kraftstoffe wie beispielsweise Benzin, Diesel und Kerosin, die aus der fossilen Energiequelle Erdöl gewonnen werden. Im geringen Umfang wird auch Erdgas als Kraftstoff eingesetzt. Durch die Nutzung dieser konventionellen Kraftstoffe entstehen Emissionen in Form von Abgasen, darunter auch die sogenannten Treibhausgase. Dabei handelt es sich um Gase, die Wärmestrahlung absorbieren, die von der Erdoberfläche eigentlich in das Weltall reflektiert werden würde. Dadurch tragen sie zu einer Erwärmung der Atmosphäre bei, dem Treibhauseffekt. Eines dieser Treibhausgase ist das Kohlendioxid (CO_2), das u. a. bei der Verbrennung dieser konventionellen Kraftstoffe erzeugt wird. Der Straßenverkehr in der EU war in dem Jahr 2019 für 26 % der in der EU anfallenden CO_2-Emissionen verantwortlich. Beachtlich daran ist, dass im Jahr 1990 der Anteil des Straßenverkehrs an den CO_2-Emissionen in der EU noch bei 15 % lag. Zwar tragen auf der einen Seite verbesserte Motoren und alternative Kraftstoffe wie E10 zur Verringerung der CO_2-Emissionen bei, während auf der anderen Seite gleichzeitig das Verkehrsaufkommen sowie die Anzahl der hochmotorisierten Fahrzeuge mit hohem Kraftstoffverbrauch steigen.[88]

Viele CO_2-Emissionen sind jedoch nicht nur auf den Straßenverkehr, sondern auch auf andere Transportmittel zurückzuführen. Laut Statistischem Bundesamt werden innerhalb Deutschlands und grenzüberschreitend mittlerweile enorme Mengen an Fracht bewegt – fast 4 Mrd. t. Den kleinsten Anteil daran hat die Binnenschifffahrt, die knapp 5 % der Gesamtmenge transportiert. Der Seeverkehr hat einen Anteil von ca. 7 %, während die Eisenbahn einen Anteil von immerhin 9 % erreicht. Der größte Teil, knapp 79 %, wird jedoch mit dem LKW transportiert.[89] Dies ist jedoch nicht ohne besondere Brisanz. Aus einem Vergleich des Umweltbundesamtes geht hervor, dass für den Gütertransport per LKW 111 g Treibhausgase[90], per Güterbahn

---

[88] Statistisches Bundesamt 2022c.
[89] Statistisches Bundesamt 2022d.
[90] Kohlendioxid, Methan und Distickstoffmonoxid angegeben in CO_2-Äquivalenten.

Tab. 4.2 Prognostizierte Entwicklung des KEP-Sendungsvolumens bis 2026 in Millionen Sendungen. (Quelle: Bundesverband Paket und Logistik 2022, S. 13)

Jahr	Tatsächliches Sendungsvolumen	Prognostiziertes Sendungsvolumen
2017	3350	–
2018	3520	–
2019	3650	–
2020	4050	–
2021	4519	–
2022	–	Aufgrund aktueller Entwicklungen nicht möglich
2023	–	4850
2024	–	5100
2025	–	5370
2026	–	5670

16 g und per Binnenschiff 31 g pro Tonnenkilometer anfallen. Inbegriffen sind dabei die Emissionen, die aus der Bereitstellung und der Umwandlung der Energieträger Strom, Benzin, Diesel und Kerosin hervorgehen.[91] Somit werden die meisten Güter mit genau dem Transportmittel transportiert, das den höchsten Ausstoß an Treibhausgasen erzeugt.

Einen wesentlichen Beitrag hierzu leistet auch der Online-Handel, dessen Umsätze Jahr für Jahr gewachsen sind. Wurden im Jahr 2020 noch knapp 4 Mrd. Sendungen von den Kurier-, Express- und Paketdiensten (KEP-Dienste) transportiert, so soll das Sendungsvolumen bis zum Jahr 2024 die 5 Mrd.-Grenze bereits überschritten haben (siehe Tab. 4.2). Viele Experten sind dabei der Ansicht, dass die höchsten Emissionsbelastungen innerhalb der sogenannten letzten Meile anfallen, also dem letzten Transportweg zum Kunden an, welcher in der Regel per Lieferwagen und Transportern bis 3,5 t Gesamtgewicht erfolgt. Nicht auf Anhieb zustellbare Pakete verursachen zudem nachgelagerte Transportwege.

---

[91] Umweltbundesamt 2022.

Tab. 4.3 Bestand an Kraftfahrzeugen. (Quelle: Statistisches Bundesamt 2022e)

Bestand	01.01.2018	01.01.2019	01.01.2020	01.01.2021	01.01.2022
Krafträder	4.373.000	4.438.600	4.506.400	4.661.600	4.780.900
PKWs	46.474.600	47.095.800	47.716.000	48.248.600	48.540.900
LKWs	3.031.100	3.149.300	3.276.100	3.410.300	3.550.800
Zug-maschinen	2.204.500	2.237.400	2.265.600	2.301.200	2.349.400

Multimodale Transporte können die Umwelt entlasten

Eine Lösung, die nötigen Transporte ökologisch-nachhaltiger zu gestalten, wird in den multimodalen Transporten gesehen. Von multimodalen Transporten wird gesprochen, wenn Güter mit mehr als nur einer Art von Transportmittel befördert werden: Landtransporte über lange Strecken könnten vermehrt von den LKWs auf die Güterbahnen und Binnenschiffe verlagert werden, bei denen deutlich weniger CO_2 pro Kilometertonne als beim LKW anfällt.[92] Wenn die Güter im Zielbahnhof oder -hafen angekommen sind, übernehmen wieder die klassischen Transportmittel die weitere Beförderung. Neben den CO_2-Einsparungen wäre auch ein verringertes Verkehrsaufkommen die Folge. Leider hat dieser Ansatz einen Nachteil: Der multimodale Transport erfordert vermehrtes Umladen der Waren, was zu höheren Kosten und auch Zeitverlusten führen kann.

Die zunehmende Urbanisierung hat zu einer zunehmenden Flächeninanspruchnahme an den Stadträndern und zu einer Verdichtung im Stadtkern geführt. Entsprechend haben gerade Städte erhebliche Auswirkungen auf das Ökosystem: Zwar nehmen Städte zwar nur rund 2 % der gesamten Landfläche ein, aber sie sind für beinahe 80 % der CO_2-Emissionen, für 60 % des Wasserverbrauchs und für knapp 75 % des Holzverbrauchs verantwortlich.[93] Gleichzeitig steigt auch der Bestand an Kraftfahrzeugen jährlich weiter an (siehe Tab. 4.3), was sich u. a.

---

[92] Deckert 2021, S. 20.
[93] Kümper-Schlake 2016, S. 104.

auch in einem hohen Stauaufkommen und einen vermehrten Ausstoß an CO_2 äußert, aber auch an Lärmemissionen zur Folge hat. Teil dieser Problematik sind mit Sicherheit auch die KEP-Dienste, die Jahr für Jahr immer mehr Bestellungen des E-Commerce ausliefern müssen.

Neben den ökologischen Auswirkungen ergeben sich für die Online-Händler hier auch ganz praktische: Verstopfte Straßen erschweren eine Auslieferung der Sendungen oder machen eine Zustellung sogar unmöglich. Dies ist umso bedeutender, da die jüngeren Zielgruppen durchaus ein Interesse an Zustellungen noch am gleichen Tag haben.[94]

Alternative Transporte rücken in den Fokus
Die Unternehmen beschäftigen sich daher mit einer Reihe von alternativen Transportmitteln, um ökologisch-nachhaltigere Transporte und Zustellungen zu ermöglichen und im Idealfall auch gleichzeitig die Straßen zu entlasten. Auch die Dienstwagen der Mitarbeiter sollten dabei auf dem Prüfstand stehen. Als Beispiele für umweltfreundliche Transportmittel können Elektrofahrzeuge, E-Bikes und Lastenfahrräder genannt werden.[95] Der Online-Elektronikhändler Coolblue eröffnete im August 2022 eine neue Filiale in Essen, in der Produkte aus den Bereichen Mobilfunk, IT, Smart Home, TV, Audio, Waschmaschinen, Trockner, Haushalt und Küche angeboten werden. Kleinere Bestellungen in und um Essen werden umweltfreundlich mit dem Fahrrad ausgeliefert.[96]

Bei all dem Hype, der um die E-Mobilität entstanden ist, sollten auch einige kritische Aspekte angesprochen werden. So ist in der Produktion von Elektrofahrzeugen mit Batterie zunächst von einem höheren CO_2-Fußabdruck aufgrund der aufwendigen Akkuproduktion im Vergleich zu Fahrzeugen mit Verbrennungsmotor auszugehen. Auch liegt die Recycling-Fähigkeit einer Lithium-Ionen-Batterie bei maximal 50 %. Zusätzlich muss angemerkt werden, dass der Strom

---

[94] KPMG 2021, S. 13.
[95] Heinemann 2022, S. 161 ff.
[96] Coolblue 2022.

zum Aufladen der Batterien oftmals nicht aus rein erneuerbaren Energien stammt, sondern nach wie vor auch fossile Energieträger zur Stromerzeugung eingesetzt werden.[97] Von daher werden auch immer wieder Elektroantriebe mit Brennstoffzellen auf Basis von Wasserstoff als Alternative diskutiert. Auch muss angemerkt werden, dass in den gängigen Batterien für die Elektrofahrzeuge Lithium und Kobalt eingesetzt werden, deren Gewinnung oftmals zulasten der Umwelt und der Menschen in der Abbauregion geht.[98]

Zusätzlich werden neben Elektrofahrzeugen, E-Bikes und Lastenfahrrädern auch Ansätze einer autonomen Auslieferung mit völlig neuen Transportmitteln getestet. Amazon testet dazu beispielsweise in den beiden Städten Lockeford (Kalifornien) und College Station (Texas) die Zustellung per Drohne. Die bestellten Waren dürfen dazu nicht schwerer als 2,5 kg sein. Die Zustellung selbst soll innerhalb von einer Stunde erfolgen. Vorgesehen ist daher zunächst ein Sortiment von knapp 3000 Artikeln, die aus dem Bereich der Arzneimittel, Beauty und Haustierbedarf stammen.[99]

Kritsch angemerkt werden muss, dass diese alternativen Formen im B2B-Bereich oftmals an Grenzen stoßen, weil das Ladungsvolumen dieser Alternativen stark limitiert ist – im B2B-E-Commerce müssen oftmals große Bestellmengen ausgeliefert werden. Als eine mögliche Alternative werden daher oft EuroCombi thematisiert, auch Gigaliner genannt. Dabei handelt es sich um überlange LKWs: Während ein gewöhnlicher LKW bis zu 18,75 m lang ist, darf ein Gigaliner bis zu 25,25 m lang sein und 60t Gesamtgewicht erreichen. Durch die erhöhten Transportkapazitäten können Fahrten eingespart und entsprechend CO_2-Emissionen reduziert werden. Auch die Transportkosten sinken durch die größere Transportmenge. Dennoch werden die Gigaliner auch kritisch gesehen. Kritiker werfen den Gigalinern beispielsweise vor, die Straßenoberflächen extrem zu beanspruchen, was

---

[97] Afshar/Frank 2020, S. 36.
[98] Mau 2019.
[99] Gärtner 2022.

wiederum einem Handeln im Sinne der ökologischen Nachhaltigkeit widersprechen würde.[100]

CO_2-Einsparungen durch optimierte Routenplanung und Verkehrstelematik

Doch selbst wenn die Auslieferung der Pakete noch auf konventionellem Wege mithilfe von LKWs, Lieferwagen und Transportern mit Verbrennungsmotoren erfolgt, lassen sich ökologische Verbesserungen erzielen. Möglich wird dies beispielsweise im Kontext der Routenplanung. Das Logistikunternehmen UPS hat eine Regel erlassen, bei der die Touren bei der Paketauslieferung so zu fahren sind, dass nur in Ausnahmefällen links abgebogen werden muss. Der Grund hierfür ist relativ einfach: Ein Linksabbieger kreuzt im Regelfall den Gegenverkehr. Dies wiederum produziert Wartezeiten, die mit einem zusätzlichen Ausstoß von CO_2 einhergehen. Zusätzlich gilt das Linksabbiegen als eine der Hauptursachen für Unfälle im Straßenverkehr. Für diese spezielle Form der Routenplanung setzt UPS auf eine eigene Software namens Orion.[101]

Eine weitere Möglichkeit, ökologische Vorteile zu erzielen, bietet der Einsatz von Verkehrstelematik. Telematik ist ein Kunstwort, dass sich aus den beiden Begriffen Telekommunikation und Informatik zusammensetzt. Ziel der Telematik ist es demnach, Daten und Informationen über große Entfernungen auszutauschen und zu verarbeiten. Die Verkehrstelematik ist eine konkrete Anwendungsform der Telematik. Zu den Aufgaben der Verkehrstelematik gehören u. a. die Ortung, die Navigation oder auch die Kommunikation. Dadurch sollen die Verkehrsprozesse so beeinflusst werden, dass Probleme bei der Nutzung der Verkehrsinfrastruktur vermieden und die Umwelt geschont wird.[102] Möglich wird dies u. a. durch:[103]

---

[100] Bretzke 2014, S. 159 ff.

[101] Nicolai 2017.

[102] Lasch 2020, S. 330.

[103] Fürst et al. 2021, S. 941.

- Energieeinsparungen durch Stauvermeidung,
- Verringerung der Abgasemissionen durch Verkürzung des Stop-and-Go-Verkehrs,
- Vermeidung von Umwegen, sowie
- Verringerung weiterer Straßenbaumaßnahmen und damit geringerer Landschaftsverbrauch.

Bereits im vorangegangenen Abschn. 4.2.1 wurde im Kontext von Verpackungsmaterialien angesprochen, dass das Volumen der Verpackungen besser ausgenutzt werden muss, sodass weniger Luftzwischenräume entstehen. Dadurch wird insgesamt weniger Leerraum transportiert, was zu einer besseren Auslastung der Fahrzeuge und zu einer Minimierung der Transporte führen kann. Darüber hinaus sind Leerfahrten und unnötige Strecken zu vermeiden. In diesem Kontext könnte es sinnvoll sein, seine Offshoring-Aktivitäten zu überdenken und zum Nearshoring überzugehen.[104]

Alternative Kraftstoffe bieten ebenfalls Potenziale
Darüber hinaus bieten alternative Kraftstoffe die Möglichkeiten, umweltschonend zu agieren und fossile Rohstoffe zu schonen. Als mögliche Alternativen gelten z. B. Biokraftstoffe und E-Fuels. Biokraftstoffe basieren auf Biomasse und müssen gemäß der Biokraftstoff-Nachhaltigkeitsverordnung (Biokraft-NachV) mindestens 50 % an Treibhausgasen im Vergleich zu den fossilen Varianten einsparen.[105] Zu den weltweit am häufigsten eingesetzten Biokraftstoffen gehören z. B. Bioethanol und Biodiesel. Zu den Rohstoffen, die für die Erzeugung dieser Biokraftstoffe eingesetzt werden, gehören bei Ethanol u. a. Zuckerrohr, Zuckerrüben, Weizen und Mais, während für Biodiesel Rapsöl (Europa), Sojaöl (USA) und Palmöl (Asien) eingesetzt werden. Sieht man sich diese Liste an, dann werden jedoch auch die Schattenseiten dieser eingesetzten Biokraftstoffe deutlich: Der Wasser- und

---

[104] Deckert 2021, S. 28.
[105] § 6 Absatz 1 Biokraft-NachV.

Flächenverbrauch für diese Rohstoffe ist enorm und sie stehen in Konkurrenz zur Nahrungsmittelerzeugung.[106]

Folgerichtig wird an Alternativen zu diesen Biokraftstoffen der sogenannten 1. Generation gearbeitet, die beispielsweise Rest- und Abfallstoffe verwerten (Biokraftstoffe der 2. Generation) oder sogar auf Algen (Biokraftstoffe der 3. Generation) basieren.[107] Dabei muss jedoch beachtet werden, dass gewöhnliche Verbrennungsmotoren ohne entsprechende Umbauten Biokraftstoffe nicht oder nur in geringen Mengen wie z. B. als Beimischung zum Benzin oder zum Diesel verarbeiten können. Eine weitere Alternative können langfristig die sogenannten E-Fuels darstellen, bei denen mithilfe von elektrischer Energie auf Basis von Wasser und CO_2 flüssige oder gasförmige synthetische Kraftstoffe entstehen.[108] Der Beitrag zum Klimaschutz hängt hier jedoch entscheidend davon ab, aus welchen Energiequellen der für die Herstellung der E-Fuels benötigte Strom erzeugt wird.

4.3.2 KEP-Dienstleister

Die meisten E-Commerce-Unternehmen übernehmen die Zustellung nicht selbst, sondern greifen auf der berühmten letzten Meile zum Kunden auf KEP-Dienstleister zurück. In Deutschland wird vor allem auf DHL, Hermes, DPD, GLS oder UPS als KEP-Dienstleister gesetzt. Auch Amazon gewinnt immer mehr an Bedeutung, weil man in dessen Lager Waren einlagern und anschließend ausliefern lassen kann. Welche Dienstleister ausgewählt werden, kann von einer Reihe von Faktoren abhängen, wobei zu den wichtigsten Auswahlkriterien der Preis pro Sendung und die Liefergeschwindigkeit gehören dürften. Darüber hinaus können aber auch weitere Aspekte entscheidend sein, z. B. die zulässigen Sendungsgrößen und -gewichte oder auch das Prestige eines KEP-Dienstleisters bei der Zielgruppe des Unternehmens.

---

[106] Baumgarten et al. 2021, S. 828 ff.

[107] Bernigau 2017, S. 87 ff.

[108] Baumgarten et al. 2021, S. 834 f.

Auch die Auswahl der KEP-Dienstleister sollte immer wieder auf dem Prüfstand stehen – schließlich handelt es sich um voneinander unabhängige Unternehmen mit unterschiedlichen Voraussetzungen und Zielsetzungen. So beschäftigt beispielsweise die DHL rund 510.000 Mitarbeiter in über 220 Ländern und Territorien, während Hermes mit 18.000 Mitarbeiter in 28 europäischen Ländern sowie in der Schweiz, in Liechtenstein und in der Türkei aktiv ist.[109] Hermes wiederum verfügt in Deutschland über ein Netz von über 16.000 Paketshops, während das Netz von GLS 7000 Paketshops umfasst.[110] Die DHL möchte bis 2023 15.000 Packstationen betreiben. DPD und Hermes haben hingegen das gemeinsame Projekt ParcelLock, das u. a. für die Etablierung eigener Packstationen sorgen sollte, mittlerweile aufgegeben und wollen nun getrennt voneinander eigene Lösungen entwickeln.[111]

Deutliche Unterschiede bei den Nachhaltigkeitszielen und -strategien der KEP-Dienstleister
Entsprechend unterschiedlich fallen auch die Nachhaltigkeitsziele, -strategien und -maßnahmen der einzelnen Unternehmen aus. Hermes setzt z. B. aktuell rund 70 Lastenräder bei der Paketauslieferung ein, während UPS mehr als 100 einsetzt. Bei der DHL sind es hingegen bis zu 28.200 Lastenräder. Auch bei den ökologischen Zielsetzungen variieren sie stark: DHL und Deutsche Post wollen bis 2025 70 % ihrer Sendungen emissionsfrei liefern. GLS hingegen möchte, dass bis Ende des Geschäftsjahres 2022/23 10 % der Fahrzeuge in Deutschland emissionsfrei oder zumindest emissionsarm sind.[112]

Online-Händler sollten daher regelmäßig eine Prüfung ihrer KEP-Dienstleister vornehmen, bei der nicht allein der Preis pro Sendung oder die Liefergeschwindigkeit im Vordergrund stehen. Es sollte vielmehr auch Fragen nachgegangen werden, die sich auf die ökologische Nachhaltigkeit beziehen, z. B.:

---

[109] DHL o. D.; Hermes o. D.
[110] Hermes, o. D.; GLS, o. D.
[111] Persiel 2022.
[112] Kretschmer 2022.

- Wie fällt die CO_2-Bilanz bei der Auslieferung der Pakete aus?
- Wie sieht die Nachhaltigkeitsstrategie des KEP-Dienstleisters aus?
- Wie nachhaltig werden die Lager betrieben?
- Gibt es ein breites Netz an Paketshops, an die die Pakete geliefert und Retouren abgegeben werden können?
- Wird der Ausbau von Packstationen vorangetrieben?
- Können Wunschtermine für eine bevorstehende Lieferung vereinbart werden, damit Mehrfachanfahrten vermieden werden können?

Dabei soll nicht unterschlagen werden, dass die KEP-Dienstleister oftmals auch für die schlechten Arbeitsbedingungen kritisiert werden. Ein häufiger Kritikpunkt dabei sind die Subunternehmen, die für die KEP-Dienstleister die Auslieferung der Sendungen übernehmen. Bei DPD sind beispielsweise lediglich 600 Fahrer direkt angestellt, aber ganze 11.000 Fahrer bei Subunternehmen, bei denen oftmals keine Tarifverträge gelten und bei denen auch kein Betriebsrat existiert. Dadurch können bei den Subunternehmen geringere Löhne gezahlt und Überstunden ausgereizt werden. Vielfach werden aufgrund des Mangels an Arbeitskräften auch ausländische Mitarbeiter von den Subunternehmen angeworben, die ihre Rechte in Deutschland gar nicht einschätzen können.[113]

Am Markt entwickeln sich Alternativen zu DHL und Co.
Es ist daher wenig überraschend, dass sich auch neue Alternativen am Markt der KEP-Dienste entwickeln. Liefergrün ist beispielsweise eine dieser Alternativen, die u. a. durch Lastenfahrräder und Microhubs die letzte Meile emissionsfrei gestalten wollen. Bei Microhubs handelt es um temporäre Lagerorte z. B. in Form von Containern, die die auszuliefernden Sendungen enthalten. Die Auslieferung selbst erfolgt i. d. R. dann mit umweltfreundlichen Transportmitteln wie dem Lastenfahrrad. Dadurch können Emissionen und das Verkehrsaufkommen reduziert werden, weil nur noch der Microhub mit klassischen Transportmitteln

---

[113] Eberl 2021.

wie z. B. Transportern angefahren werden muss.[114] Seit dem Jahr 2022 drängt aus Schweden das Unternehmen Instabox auf den deutschen Markt und möchte noch im ersten Jahr 1.000 Packstationen installieren, an die dann Pakete der kooperierenden Online-Händler wie z. B. H&M geliefert werden können.[115]

4.3.3 Zustellungsarten

Auch die Zustellung kann unter dem Aspekt der ökologischen Nachhaltigkeit kritisch geprüft werden. Viele Sendungen können beispielsweise oftmals nicht zugestellt werden, sodass erneute Anfahrten nötig werden. Ein wesentliches Ziel des Online-Handels muss es somit sein, diese Mehrfachanfahrten zu verhindern. Einen großen Vorteil genießen hier Online-Händler, die gleichzeitig ein weit verbreitetes Netz von physischen Läden besitzen, z. B. Christ Juweliere und Uhrmacher. Mithilfe von Click&Collect können sich Kunden, die in der Regel eher nicht zuhause anzutreffen sind, die Waren in die benachbarten Filialen liefern lassen. Daraus resultieren viele Vorteile:

- **Versandkostenfreiheit:** Click&Collect-Bestellung sind bei vielen Online-Händlern versandkostenfrei.
- **Zusatzkäufe:** Um die Ware abzuholen, muss der Kunde die Filiale betreten. Dadurch können eventuell Zusatzkäufe entstehen.
- **CO_2-Einsparungen:** Wenn der Kunde die Fahrt zu der Filiale mit anderen Erledigungen bündeln kann, z. B. Einkäufe in den umliegenden Geschäften, dann können eventuell Wege und somit CO_2-Emissionen eingespart werden, da eine Lieferung an die Haustür entfällt.
- **Minimierung der Retourenquote:** Testet der Kunde das Produkt bereits in der Filiale, so können Beratungen z. B. zum korrekten Umgang mit dem Produkt mögliche Retouren verhindern.

---

[114] Deckert et al. 2021, S. 272 f.
[115] Goebel 2021.

- **Wegeinsparungen:** Sollte es zu einer Retoure kommen, dann könnte sie idealerweise gleich in der Filiale abgegeben und Wege eingespart werden.

Bestellungen werden idealerweise gebündelt ausgeliefert
Viele Online-Shops erhalten Bestellungen, die mehrere Artikel umfassen. Leider können diese nicht immer zusammen ausgeliefert werden, da sie unterschiedliche Verfügbarkeiten haben: Manche Artikel sind direkt im Lager verfügbar, andere müssen vielleicht erst noch angefertigt oder auch nachbestellt werden. Da Online-Händler allerdings Waren prinzipiell schnell ausliefern wollen, werden die Bestellungen aufgeteilt: Der bereits verfügbare Teil der Bestellung wird kommissioniert und versendet, während die restlichen Artikel bei Verfügbarkeit verschickt werden. Dadurch kann es dazu kommen, dass ein Kunde zwei oder sogar noch mehr Pakete erhält, die aus einer einzigen Bestellung resultieren.

Unternehmen sollten hier den Kunden die Wahl überlassen, ob solche eine Aufteilung überhaupt gewünscht oder nötig ist – schließlich fallen hier mindestens doppelter Verpackungsmüll und doppelte Transportwege an, was auch für das Unternehmen mit zusätzlichen Kosten verbunden ist. Viele Kunden könnten daher aus Gründen der Nachhaltigkeit freiwillig auf eine getrennte Zustellung verzichten wollen. Auch werden viele Artikel, die online gekauft werden, gar nicht unmittelbar sofort gebraucht, sodass die Kunden auch kein gesteigertes Interesse an einer schnellen Zustellung haben.

Individuelle Zustellungen verhindern unnötige Anfahrten
Gerade die Möglichkeit, eine individuelle Zustellung zu vereinbaren, ist für viele Online-Käufer ein wichtiges Anliegen. So möchten beispielsweise 50 % der Online-Käufer nicht, dass ihr Paket automatisch zu einem Paketshop oder einer Postfiliale weitergeleitet wird, wenn sie bei der Zustellung nicht zuhause anzutreffen sind. 69 % der Online-Käufer wünschen sich daher, in den Zustellprozess eingreifen zu können.[116] Dazu muss der der Kunde natürlich zunächst über den

---

[116] ECC Köln/Hermes, 2018, S. 5 f.

geplanten Zeitpunkt der Zustellung informiert werden, z. B. per E-Mail oder SMS. Sollte der Kunde dann zu diesem Zeitpunkt seine Sendung nicht empfangen können, so könnte er über die Webseite des KEP-Dienstleisters alternative Zustellfenster, die Abgabe beim Nachbarn oder die Ablage an bestimmten Orten, z. B. auf der Terrasse, auswählen können. Idealerweise lassen sich bereits beim Checkout geeignete Zustellfenster auswählen, sodass unnötige Anfahrten reduziert werden.

Darüber hinaus sollte man als Online-Händler die Entwicklungen im Bereich der Zustellung verfolgen, da sich hier immer wieder neue Möglichkeiten ergeben und Alternativen entwickelt werden. Beispielsweise wird seit einigen Jahren von DHL und Amazon die Zustellung per Kofferraum getestet. Die Zustellung erfolgt dabei nachts, wobei das Auto, im Test von z. B. DHL handelte es sich um einen Smart des Kooperationspartners Daimler, über eine spezielle technische Erweiterung verfügen muss. Durch diese kann das Auto geortet und die Heckklappe durch den Zusteller schlüssellos geöffnet werden. Auch Retouren können auf diese Art und Weise abgewickelt werden.[117] Der Vorteil liegt aus ökologischer Sicht vor allem in der gesicherten Zustellung, sodass keine weiteren Anfahrten nötig werden.

4.3.4 Lager

Viele Unternehmen im E-Commerce betreiben eigene Lager, von denen aus die Belieferung der Kunden erfolgt. Auch im Bereich dieser Lager gibt es Potenziale für umweltbewusstes Handeln. Ein wesentlicher Aspekt hierbei ist die Fläche, die für solch ein Lager benötigt wird. Durch den Siedlungsbau, die industrielle Entwicklung und das Transportnetz wurden bereits und werden auch weiterhin Ökosysteme vollständig zerstört oder zumindest fragmentiert.[118] Daraus folgt, dass die bereits zur Verfügung stehenden Flächen so effizient wie möglich genutzt werden müssen, z. B. indem mit Hochregalen gearbeitet wird.

---

[117] Heinemann 2022, S. 157.
[118] Kümper-Schlake, 2016, S. 105.

Ship-from-Store bietet einige Vorteile

Mit Ship-from-Store verfolgen filialisierte Online-Händler wie z. B. Christ Juweliere und Uhrmacher oder Manufactum ein interessantes Lagerkonzept. Dort werden die Filialen als dezentrale Lager genutzt, sodass die Kunden ihre Ware nicht immer nur aus dem Zentrallager erhalten, sondern auch aus benachbarten Filialen. Dies bietet zwei wesentliche Vorteile aus Sicht von Kunden und Unternehmen:

1. **Schnellere Belieferung:** Zum einen können die Kunden oftmals schneller beliefert werden, als wenn ein weit entferntes Zentrallager involviert wäre.
2. **Bessere Warenverfügbarkeit:** Zum anderen kann sich die Warenverfügbarkeit im Webshop erhöhen, weil nun auch auf die Filialbestände zurückgegriffen werden kann.

Somit bietet dieses Konzept hohe Umsatzpotenziale bei vergleichsweisen geringen Implementierungskosten.[119] Aus ökologischer Sicht kann festgehalten werden, dass Wegstrecken eingespart werden können, wenn die Belieferung statt von einem Zentrallager von Filialen übernommen wird, die nicht weit vom Kunden entfernt gelegen sind.

Große Potenziale im Lager selbst

Auch die Lagerung selbst kann in vielen Fällen umweltfreundlicher erfolgen. Dabei lassen sich zwei Bereiche unterscheiden:[120]

1. **Elektrizität und Beleuchtung:** Im Lager kann oftmals der Energieverbrauch gesenkt werden, z. B. indem man neue Beleuchtungstechnologien einsetzt oder Bewegungsmelder verwendet. Viele Lager verfügen oftmals über große Dachflächen. Diese Dachflächen werden z. B. beim Lidl Zentrallager in Bönen genutzt, um mit Photovoltaik Strom selbst zu erzeugen.

---

[119] Heinemann 2021, S. 84, 166.
[120] Deckert 2021, S. 29 f.

2. **Heiz- und Kühlsysteme:** Auch hier kann energieeffizienter gearbeitet werden, z. B. durch den Einsatz moderner und energiesparenderer Kühl- und Heizgeräte, durch angemessene Dämmungen oder durch Schnelllauftore.

Zum Abschluss soll noch auf die Fördermittel eingegangen werden, die in den Lagern eingesetzt werden. Dabei handelt es sich Transportmittel, die der Ortveränderung von Personen oder Gütern dienen. Im Bereich des Lagers sind dies beispielsweise Bandförderanlagen, Gabelstapler und Gabelhubwagen.[121] Auch bei den Fördermitteln sollte beachtet werden, dass oftmals mittlerweile umweltfreundliche Alternativen zur Verfügung stehen. So können z. B. Gabelstapler eingesetzt werden, die von Elektromotoren statt von Verbrennungsmotoren angetrieben werden. Auch hier gilt selbstverständlich, dass ökologische Vorteile nur erreicht werden können, wenn bei der Stromerzeugung, aber auch bei der Herstellung des Fördermittels ökologisch-nachhaltig agiert wurde.

---

[121] Wehking 2020, S. 511 ff.

5

Fazit

Es ist nicht korrekt, den Online-Handel pauschal als Umweltsünder zu verurteilen. So wurde aufgezeigt, dass bei einer Bestellung über einen Webshop deutlich weniger CO_2 ausgestoßen wird, als wenn dafür ein physisches Ladengeschäft aufgesucht worden wäre. Dennoch gehört es aber zur Wahrheit auch dazu, dass der E-Commerce durchaus vielfältige Chancen bietet, ökologisch-nachhaltiger zu handeln. Dazu wurden sich in diesem Buch die drei Bereiche Retouren, Verpackung und Logistik näher angesehen, wobei selbstverständlich auch in anderen Bereichen Optimierungspotenziale vorhanden sind, z. B. die Sortimentsgestaltung oder die Ausgestaltung der Arbeitsplätze.

Die Retourenvermeidung als wichtiger Baustein
Entlang des Kaufprozesses steht mit Blick auf die ökologische Nach-haltigkeit vor allem die Vermeidung von unnötigen Retouren im Vorder-grund. Solche Retouren sind oftmals das Ergebnis unvollständiger oder fehlerhafter Produktinformationen. Für E-Commerce-Unternehmen ist es daher von großer Bedeutung, ihren Kunden korrekte und umfang-reiche Produktinformationen zur Verfügung zu stellen und das Produkt optimal darzustellen. Aber auch eine angemessene Beratung während

M. Harwardt, *Ökologische Nachhaltigkeit im E-Commerce*,
https://doi.org/10.1007/978-3-658-40261-7_5

und nach dem Kauf ist von großer Wichtigkeit, weil hier viele Fragen beantwortet und Probleme der Kunden beseitigt werden können, was wiederum spätere Retouren unnötig machen kann.

Kommt es jedoch zu einer Retoure, dann sollte zunächst ein Wiederverkauf der Ware im Fokus stehen. Scheidet ein Wiederverkauf z. B. aus wirtschaftlichen Gründen aus, dann sind Spenden der retournierten Waren an soziale Einrichtung oder eine Wiederverwertung im Sinne des Recyclings der reinen Entsorgung vorzuziehen. Zusätzlich können Retouren verhindert werden, indem auf möglichst fehlerminimale Kommissionierungsverfahren gesetzt wird.

Zugleich agiert der Online-Händler bei der Retourenvermeidung auch im eigenen wirtschaftlichen Interesse, schließlich können die Retouren die Erlöse des Online-Händlers deutlich schmälern, z. B. durch:[1]

- Kosten der Logistik,
- die Qualitätsprüfung,
- den Aufbereitungskosten,
- den Reparaturkosten,
- der Reinventarisierung und
- des Wertverlustes.

Verpackungen bieten große Potenziale
Auch im Kontext der Verpackungen können sich E-Commerce-Unternehmen auf eine ökologisch-nachhaltige Handlungsweise konzentrieren, z. B. indem sie den Einsatz von Verpackungsmaterial reduzieren oder auf nachhaltigere Verpackungsmaterialen setzen. Werden die Verpackungen besser ausgelastet, indem das vorhandene Volumen optimal genutzt wird, entstehen kleinere Luftzwischenräume in den Verpackungen. Durch die kleineren Luftzwischenräume können die Transportmittel besser ausgelastet werden und zusätzlich entstehen auch weniger Schäden auf dem Transportweg. Darüber hinaus sollten die Unternehmen für ihre Verpackungen die Möglichkeiten prüfen, die

---

[1] Walsh/Möhring 2014, S. 69.

sich im Rahmen einer Wiederverwendung oder der Weiterverwendung ergeben.

Auch die Logistik ist im Fokus

Weitere Ansatzpunkte für umweltbewussteres Handeln bietet die Logistik, deren Hauptfunktionen in dem Transport und der Lagerung der Waren zu sehen sind. Im Kontext des Transports gilt es zunächst einmal, unnötige Fahrten oder Leerfahrten zu vermeiden. Darüber hinaus existieren viele andere Möglichkeiten, die Transporte ökologisch-nachhaltiger zu gestalten, z. B. durch umweltfreundlichere Transportmittel oder durch den Einsatz alternativer Kraftstoffe. Auch die KEP-Dienstleister, die im Regelfall die Auslieferung der Pakete zu den Kunden übernehmen, sollten regelmäßig überprüft und evaluiert werden, da sie zum Teil höchst unterschiedliche Nachhaltigkeitsansätze verfolgen.

Verschiedene Zustellungsarten können ebenfalls zur ökologischen Nachhaltigkeit beitragen. So kann für den Kunden die Möglichkeit, eine individuelle Zustellung zu vereinbaren, dabei helfen, unnötige Anfahrten zu vermeiden. Click&Collect wiederum kann nicht nur unnötige Transporte verhindern, sondern auch durch Beratung vor Ort Retouren vorbeugen. Die Lagerung bietet ebenfalls Optimierungspotenziale. So sollte z. B. die vorhandene Lagerfläche besser ausgenutzt und das Lager energieeffizienter betrieben werden. Online-Händler mit physischen Geschäften können diese im Rahmen des Konzeptes Ship-from-Store als dezentrale Minilager nutzen, sodass auf der einen Seite der Warenbestand erhöht und auf der anderen Seite die Transportwege minimiert werden.

Die Zeit zum Handel ist jetzt!

Wie man sehen kann, bieten sich den Online-Händlern vielfältige Möglichkeiten für eine ökologisch-nachhaltigere Handlungsweise. Unternehmen sollten dazu auch auf die Kreativität ihrer Mitarbeiter setzen, denn auch bei denen ist oftmals ein ausgeprägtes Umweltbewusstsein vorhanden, sodass sie sich bei diesem Thema gern einbringen. Dabei sollte aber nie außeracht gelassen werden, dass viele Unternehmen hier einen gewaltigen Spagat bewältigen müssen: Viele der vorgestellten Ansätze für ein umweltbewusstes Handeln erfordern Aufwand, sie erzeugen Kosten oder sie haben das Potenzial, die eigenen Kunden zu verärgern. Der Einsatz und die Wirksamkeit der Maßnahmen müssen daher jedes Mal gründlich durchdacht und abgewogen werden. Jedoch sollte man sich dabei auch immer vor Augen führen, dass die Zeit der Zurückhaltung und des Abwartens vorbei ist – Unternehmen müssen ihre Verantwortung erkennen und entsprechend handeln! Selbst viele kleine Beiträge können zusammen Großes bewirken.

Literatur

Abts, D./Mülder, W. (2017), *Grundkurs Wirtschaftsinformatik – Eine kompakte und praxisorientierte Einführung*, 9. Auflage, Wiesbaden: Springer Vieweg.

Afshar, S./Frank, F. (2020), Batterie versus Brennstoffzelle – Antriebstechnik im Vergleich, *ATZextra* 25, S. 32–37.

Albrecht, S./Endres, H.-J./Knüpffer, E./Spierling, S. (2016), Biokunststoffe – quo vadis? Eine ökologische und sozio-ökonomische Betrachtung, *uwf UmweltWirtschaftsForum*, 24, S. 55–62.

Amazon (2021), *Prime Day Delivered the Two Biggest Days Ever for Small & Medium-Sized Businesses in Amazon's Stores Worldwide, Growing Even More than Amazon Retail, and Members Saved More than Any Previous Prime Day*, verfügbar unter: https://press.aboutamazon.com/news-releases/news-release-details/prime-day-delivered-two-biggest-days-ever-small-medium-sized, abgerufen am 07.09.2022.

ARD/ZDF-Forschungskommission (2022a), Internetnutzer* in Deutschland 2016 bis 2021 – Soziodemografie, verfügbar unter: https://www.ard-zdf-onlinestudie.de/onlinenutzung/internetnutzer/in-prozent/, abgerufen am 13.09.2022.

ARD/ZDF-Forschungskommission (2022b), *Key Facts der ARD/ZDF-Onlinestudie 2021*, verfügbar unter: https://www.ard-zdf-onlinestudie.de/ardzdf-onlinestudie/infografik/, abgerufen am 12.07.2022.

© Der/die Herausgeber bzw. der/die Autor(en), exklusiv lizenziert an Springer
Fachmedien Wiesbaden GmbH, ein Teil von Springer Nature 2023
M. Harwardt, *Ökologische Nachhaltigkeit im E-Commerce*,
https://doi.org/10.1007/978-3-658-40261-7

Asdecker, B. H. (2014), *Retourenmanagement im Versandhandel – Theoretische und empirisch fundierte Gestaltungsalternativen für das Management von Retouren*, Bamberg: University of Bamberg Press.

Asdecker, B. H. (2022). *Statistiken Retouren Deutschland – Definition*, verfügbar unter: http://www.retourenforschung.de/definition_statistiken-retouren-deutschland.html, abgerufen am: 07.09.2022.

Baumgarten, H./Böhmer, M./Hinz, M./Nijs, M./Pischinger, S./Souren, M./ Thewes, M./Lindemann, B./Flecke, T./König, A./Schaub, J./Schönen, M./Lückmann, D./Bönnen, D./Jean, E./Huber, M./Kunze, K./Andert, J./Krings, A./Scheer, R./Etzold, K./Klawitter, M./Stapelbroek, M./ Kaiser, J./Hosseininasab, M./Sauer, A./De Doncker, R. W./Henn, J./ Antony, P./Schildhauer, C./Haag, A./Mohrdieck, C. H./Sontheimer, U./ Gumpoltsberger, G./Greiner, J./Bartha, A./Frey, P./Plank, R./Krautkrämer, B./Malik, R./Solfrank, P./Pecnik, H./Lanzer, H./Eichner, G./Kurz, G./ Lehrheuer, B./Heuser, B./Eichlseder, H. (2021), Antriebe. In: Pischinger, S./Seiffert, U. (Hrsg.), *Vieweg Handbuch Kraftfahrzeugtechnik*, 9. Auflage, Wiesbaden: Springer Vieweg, S. 461–860.

Bayerisches Landesamt für Umwelt (2020), *Sonstige Verwertung*, verfügbar unter: https://www.lfu.bayern.de/abfall/sonstige_verwertung/index.htm, abgerufen am 07.09.2022.

Bernhard-Rau, B./Schnerring, G. (2022), *Gabler Kompakt-Lexikon Corporate Social Responsibility – Schlüsselbegriffe einer nachhaltigen Wirtschaft in Deutsch und Englisch*, Wiesbaden: Springer Gabler.

Bernigau, S. (2017), *Eine Marketing-Strategie für nachhaltigere Biokraftstoffe in Deutschland – Ein Ansatz zur Verbesserung der Konsumentenakzeptanz?*, Wiesbaden: Springer Gabler.

Blind, K./Quitzow, Q. (2017), Nachhaltige Innovation. Aktueller Stand der Forschung und Ausblick aus innovationsökonomischer Perspektive. In: Gordon, G./Nelke, A. (Hrsg.), *CSR und Nachhaltige Innovation – Zukunfts-fähigkeit durch soziale, ökonomische und ökologische Innovationen*, Wiesbaden: Springer Gabler, S. 13–24.

Bolz, T./Diener, M./Wittmann, G. (2017), *Trends und Innovationen beim Versand – Was erwartet der Kunde?*, Regensburg: ibi research an der Universität Regensburg.

Bretzke, W. R. (2014), *Nachhaltige Logistik – Zukunftsfähige Netzwerk- und Prozessmodelle*, 3. Auflage, Berlin Wiesbaden: Springer Vieweg.

Bundesverband der Deutschen Industrie/econsense – Forum Nachhaltige Entwicklung (2014), *In 7 Schritten zum Nachhaltigkeitsbericht – Ein praxisorientierter Leitfaden für mittelständische Unternehmen in Anlehnung an die G4-Leitlinien der Global Reporting Initiative (GRI)*, Berlin: Bundesverband der Deutschen Industrie/econsense – Forum Nachhaltige Entwicklung.

Bundesverband E-Commerce und Versandhandel Deutschland (2022), *E-Commerce ist das neue „Normal" – Branchenumsatz wächst 2021 auf mehr als 100. Mrd. Euro*, verfügbar unter: https://www.bevh.org/presse/pressemitteilungen/details/e-commerce-ist-das-neue-normal-branchenumsatzwaechst-2021-auf-mehr-als-100-mrd-euro.html, abgerufen am 07.09.2022.

Bundesverband Paket und Logistik (2022), KEP-Studie 2022 – Analyse des Marktes in Deutschland, Berlin: Bundesverband Paket und Logistik.

Coolblue (2022), *Coolblue expandiert weiter: Neuer Store eröffnet in Essen*, verfügbar unter: https://aboutcoolblue.com/news/de/coolblue-expandiertweiter-neuer-store-eroeffnet-in-essen/, abgerufen am 07.09.2022.

Deckert, C. (2021), Nachhaltige Logistik. In: Deckert, C. (Hrsg.), *CSR und Logistik – Spannungsfelder Green Logistics und City-Logistik*, 2. Auflage, Wiesbaden: Springer Gabler, S. 3–44.

Deckert, C./Stodick, K./Hertz-Eichenrode, D. (2021), Nachhaltige Paketauslieferung mit Mikro-Depots. In: Deckert, C. (Hrsg.), *CSR und Logistik – Spannungsfelder Green Logistics und City-Logistik*, 2. Auflage, Wiesbaden: Springer Gabler, S. 271–282.

Deges, F. (2017), *Retourenmanagement im Online-Handel – Kundenverhalten beeinflussen und Kosten senken*, Wiesbaden: Springer Gabler

Deges, F. (2020), *Grundlagen des E-Commerce – Strategien, Modelle Instrumente*, Wiesbaden: Springer Gabler

DHL (o. D.), *Informationen über DHL und den Konzern*, verfügbar unter: https://www.dhl.de/de/geschaeftskunden/ueber-uns.html, abgerufen am 07.09.2022.

Dierig, C./Schuster, J. (2019), *20 Millionen zurückgeschickte Artikel in einem Jahr verschrottet*, verfügbar unter: https://www.welt.de/politik/deutschland/article204633960/Retouren-Gruene-wollen-Vernichtung-von-Millionen-Produkten-verbieten.html, abgerufen am 07.09.2022.

Dorfer, L. (2016), Datenzentrische Geschäftsmodelle als neuer Geschäftsmodelltypus in der Electronic-Business-Forschung: Konzeptionelle Bezugspunkte, Klassifikation und Geschäftsmodellarchitektur, *Schmalenbachs Zeitschrift für betriebswirtschaftliche Forschung*, 68, S. 307–369.

Eberl, J. (2021), *Wenn der Postmann millionenfach klingelt*, verfügbar unter: https://www.tagesschau.de/wirtschaft/unternehmen/paketzusteller-logistikbranche-101.html, abgerufen am 07.09.2022.

ECC Köln/Hermes (2018), *7 Thesen zur Zukunft der Zustelllogistik – Reloaded*, Köln: IFH Köln.

e-commerce Magazin (2020a): *Nachhaltiges Verpacken: 5 Grundsätze, wie es trotz boomendem Online-Handels funktioniert*, verfügbar unter: https://www.e-commerce-magazin.de/nachhaltiges-verpacken-5-grundsaetze-wie-es-trotz-boomenden-Online-Handels-funktioniert/, abgerufen am 07.09.2022.

e-commerce Magazin (2020b): *CO_2-Kompensation: Onlineshop führt erstmals funktionierendes Modell ein*, verfügbar unter: https://www.e-commerce-magazin.de/co2-kompensation-onlineshop-fuehrt-erstmals-funktionierendes-modell-ein/, abgerufen am 07.09.2022.

Flasbarth, J. (2013), Mineralöl in Lebensmitteln – ein wunder Punkt der Kreislaufwirtschaft, *Journal für Verbraucherschutz und Lebensmittelsicherheit*, 8, S. 1–3.

Forschungsgruppe Retourenmanagement (2020), *Retournierverhalten waehrend der Covid-19-Pandemie untersucht*, verfügbar unter: http://www.retourenforschung.de/info-retournierverhalten-waehrend-der-covid-19-pandemie-untersucht.html, abgerufen am 07.09.2022.

Frankfurter Allgemeine Zeitung (2019), *Forscher fordern Ende kostenloser Retouren*, verfügbar unter: https://www.faz.net/aktuell/wirtschaft/klima-energie-und-umwelt/e-commerce-forscher-fordern-ende-kostenloser-retouren-16529780.html, abgerufen am 07.09.2022.

FSC Deutschland (2020), *Drei für den Wald – Was hinter den FSC-Siegeln steckt*, Freiburg: FSC Deutschland.

Fürst, S./Scharnhorst, T./Brabetz, L./Beck, M./Lahmeyer, R./Krieger, O./Kasties, G./Pfaff, W./Lachmayer, R./Abel, H.-B./Blume, H.-J./Heyen, G./Schneider, G. (2021), Digitalisierung/Elektrik/Elektronik/Software. In: Pischinger, S./Seiffert, U. (Hrsg.), *Vieweg Handbuch Kraftfahrzeugtechnik*, 9. Auflage, Wiesbaden: Springer Vieweg, S. 861–1008.

Gärtner, M. (2022), *Amazon-Drohnen starten Test-Lieferungen in zwei Städten*, verfügbar unter: https://www.amazon-watchblog.de/technik/3086-amazon-drohne-test-lieferungen.html, abgerufen am 07.09.2022.

Global Reporting Initiative (2015), *G4 Leitlinien zur Nachhaltigkeitsbericht-erstattung – Berichterstattungsgrundsätze und Standardangaben*, Amsterdam: Global Reporting Initiative.

GLS (o. D.), *Unsere Fakten*, verfügbar unter: https://gls-group.eu/DE/de/ueber-uns/gls-fakten, abgerufen am 07.09.2022.

Goebel, J. (2015), *Deutschland im Rücksendewahn*, verfügbar unter: https://www.wiwo.de/unternehmen/dienstleister/retouren-wie-sich-retouren-vermeiden-lassen/12724420-3.html, abgerufen am 07.09.2022.

Goebel, J. (2021), *Konkurrenz für DHL und Co.: Paketdienst Instabox startet in Deutschland*, verfügbar unter: https://www.wiwo.de/unternehmen/dienstleister/zustellungen-am-gleichen-tag-konkurrenz-fuer-dhl-und-co-paketdienst-instabox-startet-in-deutschland/27912502.html, abgerufen am 07.09.2022.

Grimm, P./Broll, W./Herold, R./Hummel, J. (2019a), VR/AR-Eingabegeräte und Tracking. In: Dörner, R./Broll, W./Grimm, P./Jung, B. (Hrsg.), *Virtual und Augmented Reality (VR/AR) – Grundlagen und Methoden der Virtuellen und Augmentierten Realität*, 2. Auflage, Berlin: Springer Vieweg, S. 117–162.

Grimm, P./Broll, W./Herold, R./Reier, D./Cruz-Neira, C. (2019b), VR/AR-Ausgabegeräte. In: Dörner, R./Broll, W./Grimm, P./Jung, B. (Hrsg.), *Virtual und Augmented Reality (VR/AR) – Grundlagen und Methoden der Virtuellen und Augmentierten Realität*, 2. Auflage, Berlin: Springer Vieweg, S. 163–217.

Handelsverband Deutschland – HDE (2022), *Online-Monitor 2022*, Berlin: Handelsverband Deutschland – HDE.

Hauff, M. (2021), *Nachhaltige Entwicklung: Grundlagen und Umsetzung*, 3. Auflage, München: De Gruyter Oldenbourg.

Heinemann, G. (2021), *Intelligent Retail – Die Zukunft des stationären Einzelhandels*, Wiesbaden, Springer Gabler.

Heinemann, G. (2022), *Der neue Online-Handel. Geschäftsmodelle, Geschäftssysteme und Benchmarks im E-Commerce*, 13. Auflage, Wiesbaden: Springer Gabler.

Hermes (o. D.), *Hermes Germany GmbH*, verfügbar unter: https://www.hermesworld.com/de/ueber-uns/hermes-gruppe/hermes-logistik-gruppe-deutschland/hermes-logistik-gruppe-deutschland/, abgerufen am 07.09.2022.

Hofmann, J. (2018), *Ausgewählte Technologische Grundlagen*. In: Fend, L./Hofmann, J. (Hrsg.), *Digitalisierung in Industrie-, Handels- und Dienstleistungsunternehmen: Konzepte – Lösungen – Beispiele*, Wiesbaden: Springer Gabler, S. 3–28.

Horváth, P./Isensee, J./Michel, U. (2012), „Green Controlling" – Bedarf einer Integration von ökologischen Aspekten in das Controlling. In: Tschandl, M./Posch, A. (Hrsg.), *Integriertes Umweltcontrolling – Von der Stoffstromanalyse zum Bewertungs- und Informationssystem*, 2. Auflage, Wiesbaden: Gabler, S. 41–50.

Hudetz, K./Brüxkes, S. (2019), Zukünftige Paybment-Lösungen im digitalen Zeitalter – Bestandsaufnahme und aktuelle Trends. In: Heinemann, G./ Gehrckens, H. M./Täuber, T./Accenture GmbH (Hrsg.), *Handel mit Mehrwert. Digitaler Wandel in Märkten, Geschäftsmodellen und Geschäftssystemen*, Wiesbaden: Springer Gabler, S. 423–440.

IFH Köln (2016): *Belohnen statt bestrafen – so gibt es weniger Retouren beim Fashion-Kauf*, verfügbar unter: https://www.ifhkoeln.de/belohnen-statt-bestrafen-so-gibt-es-weniger-retouren-beim-fashion-kauf/, abgerufen am 07.09.2022.

Jauernig, H./Braun, K. (2019), *Die Retourenpoltik*, verfügbar unter: https:// www.spiegel.de/wirtschaft/soziales/amazon-zalando-otto-die-retouren-republik-deutschland-a-1271975.html, abgerufen am 07.09.2022.

KMPG (2021), *Online-Shopping: So wünscht sich der Kunde den Einkaufsprozess – Customer Journey, Versand und Retoure*, Berlin, Wien und Zürich: KPMG Deutschland, Austria, Schweiz.

Kollmann, T. (2019), *E-Business – Grundlagen elektronischer Geschäftsprozesse in der Digitalen Wirtschaft*, 7. Auflage, Wiesbaden: Springer Gabler.

Kretschmer, C. (2022), *Wie „grün" ist die Paketbranche?*, verfügbar unter: https://www.tagesschau.de/wirtschaft/verbraucher/pakete-zustellung-umweltfolgen-101.html, abgerufen am 07.09.2022.

Kreutzer, R. T. (2022), *Praxisorientiertes Marketing: Grundlagen – Instrumente – Fallbeispiele*, 6. Auflage, Wiesbaden: Springer Gabler.

Kreutzer, R. T./Sirrenberg, M. (2019), *Künstliche Intelligenz verstehen: Grundlagen – Use-Cases – unternehmenseigene KI-Journey*, Wiesbaden: Springer Gabler.

Kropp, A. (2019), *Grundlagen der nachhaltigen Entwicklung – Handlungsmöglichkeiten und Strategien zur Umsetzung*, Wiesbaden: Springer Gabler.

Kujath, H. J. (2018), *Logistik*. In: ARL – Akademie für Raumforschung und Landesplanung (Hrsg.), *Handwörterbuch der Stadt- und Raumentwicklung*, Hannover: ARL – Akademie für Raumforschung und Landesplanung. S. 1411–1422.

Kümper-Schlake, L. (2016), Urbanisierung und ökologische Stadtentwicklung. Zur Integration urbaner Biodiversität und Ökosystemleistungen in Deutschland und China, *Standort*, 40, S. 104–110.

Lämmermühle, P. (2016), Betrachtung und Analyse aktueller Konzepte, Technologien und Systeme des Retourenmanagements im E-Commerce, *Schriftenreihe des Lehrstuhls für Logistikmanagement*, 4, Bremen: Universität Bremen.

Lasch, R. (2020), *Strategisches und operatives Logistikmanagement: Distribution*, 3. Auflage, Wiesbaden: Springer Gabler.

Lehmann, A. (2019). *Verkauf über Vermittlungsplattformen – Eine empirische Untersuchung von Erfolgsfaktoren*, Wiesbaden: Springer Gabler.

Lockhauserbäumer, V./Mayr, C. (2015), Retourenabwicklung im B2C-E-Commerce, *HMD Praxis der Wirtschaftsinformatik*, 52, S. 267–276.

Mau, K. (2019), *Dreckige Rohstoffe für saubere Autos*, verfügbar unter: https://www.zeit.de/mobilitaet/2019-11/elektroautos-kobalt-lithium-batterie-akkus-rohstoffe-umweltschutz, abgerufen am 07.09.2022.

Mayer, K. (2017), *Nachhaltigkeit: 111 Fragen und Antworten – Nachschlagewerk zur Umsetzung von CSR im Unternehmen*, Wiesbaden: Springer Gabler.

Mättig, B./Lorimer, I./Kirks, T./Jost, J. (2016), Untersuchung des Einsatzes von Augmented Reality im Verpackungsprozess unter Berücksichtigung spezifischer Anforderungen an die Informationsdarstellung sowie die ergonomische Einbindung des Menschen in den Prozess, *Logistics Journal: Proceedings*, 2016, S. 1–10.

Mehler-Bicher, A./Steiger, L. (2017), Augmentierte und Virtuelle Realität. In: Hildebrandt, A./Landhäußer, W. (Hrsg.), *CSR und Digitalisierung. Der digitale Wandel als Chance und Herausforderung für Wirtschaft und Gesellschaft*, Berlin: Springer Gabler, S. 127–142.

Meier, A./Stormer, H. (2012), *eBusiness & eCommerce – Management der digitalen Wertschöpfungskette*, 3. Auflage, Wiesbaden: Springer Gabler.

memo (o. D.), *Mehrweg statt Einweg!*, verfügbar unter: https://www.memo.de/memo-box, abgerufen am 07.09.2022.

Menges, G./Haberstroh, E./Michaeli, W./Schmachtenberg, E. (2011): *Menges Werkstoffkunde Kunststoffe*, 6. Auflage, München: Carl Hanser.

Möhring, M./Schmidt, R./Walsh, G./Koot, C./Härting, R.-C. (2013), Präventives Retourenmanagement im eCommerce, *HMD – Praxis der Wirtschaftsinformatik*, 50, S. 66–75.

Möhring, M./Walsh, G./ Schmidt, R./Ulrich, C. (2015), Moderetouren im Deutschen Online-Handel – Eine empirische Untersuchung, *HMD – Praxis der Wirtschaftsinformatik*, 52, S. 257–266.

Müller-Kirschbaum, T./Leopold, T. (2019), Ersticken wir im Plastikmüll? Szenarien für eine nachhaltige und zirkuläre Nutzung von Kunststoffen. In: Gausemeier, J./Bauer, W./Dumirescu, R. (Hrsg.), *Vorausschau und Technologieplanung, 15. Symposium für Vorausschau und Technologieplanung*, Paderborn: Heinz Nixdorf Institut, Universität Paderborn, S. 427–454.

Nicolai, B. (2017), *Warum UPS-Fahrer fast nur noch rechts abbiegen*, verfügbar unter: https://www.welt.de/wirtschaft/article161916731/Warum-UPS-Fahrer-fast-nur-noch-rechts-abbiegen.html, abgerufen am 07.09.2022.

Orth, P./Bruder, J./Rink, M. (2022), *Kunststoffe im Kreislauf – Vom Recycling zur Rohstoffwende*, Wiesbaden: Springer Vieweg.

Packaging journal (2018), *Wie sich E-Commerce auf Verpackungen auswirkt*, verfügbar unter: https://packaging-journal.de/karton-e-commerce-und-verpackungen/, abgerufen am 07.09.2022.

Packaging journal (2020a): *Erste Verpackung aus aufgefangenen Kohlenstoff-Emissionen*, verfügbar unter: https://packaging-journal.de/plastikflasche-aus-kohlenstoff-emissionen/, abgerufen am 07.09.2022.

Packaging journal (2020b): *Nachhaltige Verpackungen aus Algen und Seegräsern*, verfügbar unter: https://packaging-journal.de/nachhaltige-verpackungen-aus-algen-und-seegraesern/, abgerufen am 07.09.2022.

Packaging journal (2020c): *Burger King testet wiederverwendbare Verpackungen*, verfügbar unter: https://packaging-journal.de/burger-king-testet-wiederverwendbare-verpackungen/, abgerufen am 07.09.2022.

Persiel, S. (2022), *ParcelLock wird am 31.7.2022 eingestellt*, verfügbar unter: https://www.paketda.de/news-parcellock-eingestellt.html, abgerufen am 07.09.2022.

Pfohl, H.-C. (2018), *Logistiksysteme – Betriebswirtschaftliche Grundlagen*, 9. Auflage, Berlin: Springer Vieweg.

Pufé, I. (2017), *Nachhaltigkeit*, 3. Auflage, Konstanz: UVK.

RAL (o. D.), *Wissenschaftlich erarbeitet*, verfügbar unter: https://www.blauer-engel.de/de/blauer-engel/unser-zeichen-fuer-die-umwelt/wissenschaftlich-erarbeitet, abgerufen am 07.09.2022.

Rausch Verpackung (2020), *Nachhaltig verpackt: Die Welt ein Stück besser machen*, verfügbar unter: https://www.rausch-packaging.com/blog/de/nachhaltigkeit/nachhaltige-verpackungen/#holz, abgerufen am 07.09.2022.

Sailer, U. (2020), *Nachhaltigkeitscontrolling: Was Controller und Manager über die Steuerung der Nachhaltigkeit wissen sollten*, 3. Auflage, München: UVK Verlag.

Schabbach, T./Wesselak (2020), *Energie – Den Erneuerbaren gehört die Zukunft*, 2. Auflage, Berlin: Springer.

Schellinger, J./Berchtold, P./Tokarski, K. O. (2019). Nachhaltige Unternehmensführung: Leitprinzip und Handlungsfelder in der Praxis, In: Tokarski, K.O/Schellinger, J./Berchtold, P. (Hrsg.), *Nachhaltige Unternehmensführung – Herausforderungen und Beispiele aus der Praxis*, Wiesbaden: Springer Gabler, S. 1–11.

Schmidt, S./Bick, C./Rubik, F. (2020), *Ansätze einer nachhaltigkeitsorientierten Verpackungsoptimierung. Implikationen für Geschäftsmodelle im Einzelhandel – Arbeitsbericht des Forschungsprojekts Innoredux*, Berlin: Institut für ökologische Wirtschaftsforschung (IÖW).

Schrader, C./Vollmar, B. H. (2013), Green Controlling: ein wesentlicher Schritt auf dem Weg zur nachhaltig orientierten Unternehmensführung, *Forschungspapiere PFH Private Hochschule Göttingen*, 2013/04, S. 1–45.

Statista Digital Market Outlook (2021), *Prognose zur Anzahl der E-Commerce-Nutzer in der Welt in den Jahren 2017 bis 2025*, verfügbar unter: https://de.statista.com/prognosen/485005/prognose-der-e-commerce-nutzer-in-der-welt, abgerufen am 07.09.2022.

Statista Digital Market Outlook (2022), *Anzahl der E-Commerce-Nutzer in Deutschland in den Jahren 2017 bis 2025*, verfügbar unter: https://de.statista.com/prognosen/488012/prognose-der-e-commerce-nutzer-in-deutschland, abgerufen am 07.09.2022.

Statistisches Bundesamt (2022a): *Abfallwirtschaft – Eingesammelte gebrauchte Transport- und Umverpackungen*, verfügbar unter: https://www.destatis.de/DE/Presse/Pressemitteilungen/2022/03/PD22_108_321.html, abgerufen am 07.09.2022.

Statistisches Bundesamt (2022b): *6 Kilogramm mehr Verpackungsmüll pro Kopf im Corona-Jahr 2020*, verfügbar unter: https://www.destatis.de/DE/Themen/Gesellschaft-Umwelt/Umwelt/Abfallwirtschaft/Tabellen/liste-eingesammelte-gebrauchte-transport-und-umverpackungen.html, abgerufen am 07.09.2022.

Statistisches Bundesamt (2022c): *Straßenverkehr: EU-weite CO_2-Emissionen seit 1990 um 29 % gestiegen*, verfügbar unter: https://www.destatis.de/Europa/DE/Thema/Umwelt-Energie/CO2_Strassenverkehr.html, abgerufen am 07.09.2022.

Statistisches Bundesamt (2022d): *Beförderungsmenge nach Hauptverkehrsrelationen und Verkehrsträgern, sowie die Veränderung zum Vorjahr in 1 000 Tonnen und die Veränderung zum Vorjahr in % für das Jahr 2021*, verfügbar unter: https://www.destatis.de/DE/Themen/Branchen-Unternehmen/Transport-Verkehr/Gueterverkehr/Tabellen/verkehrstraeger-hauptverkehrsrelation-a.html, abgerufen am 07.09.2022.

Statistisches Bundesamt (2022e): *Bestand an Kraftfahrzeugen und Schienenfahrzeugen für die Jahre 2018 bis 2022*, verfügbar unter: https://www.destatis.de/DE/Themen/Branchen-Unternehmen/Transport-Verkehr/Unternehmen-Infrastruktur-Fahrzeugbestand/Tabellen/fahrzeugbestand.html, abgerufen am 07.09.2022.

Straede, H./Rebstadt, J./Hucke, S./Thomas, O. (2020), Logistische Prozesse in der erweiterten Realität: Konzeption und Implementierung eines Smart-Glasses-basierten Systems. In: Thomas, O./Ickerott, I. (Hrsg.), *Smart Glasses – Augmented Reality zur Unterstützung von Logistikdienstleistungen*, Wiesbaden: Springer Gabler, S. 106–118.

ten Hompel, M./Schmidt, T./Dregger, J. (2018), *Materialflusssysteme – Förder- und Lagertechnik. 4. Auflage*, Berlin: Springer Vieweg.

Türk, O. (2014), *Stoffliche Nutzung nachwachsender Rohstoffe: Grundlagen -Werkstoffe – Anwendungen*, Wiesbaden: Springer Vieweg.

Umweltbundesamt (2015), *Papier und Druckerzeugnisse*, verfügbar unter: https://www.umweltbundesamt.de/papier-druckerzeugnisse#vorteile-von-recyclingpapieren, abgerufen am 07.09.2022.

Umweltbundesamt (2020a): *Klimabilanz von Online- und Ladenkauf: Das Produkt entscheidet*, verfügbar unter: https://www.umweltbundesamt.de/presse/pressemitteilungen/klimabilanz-von-online-ladenkauf-das-produkt, abgerufen am 07.09.2022.

Umweltbundesamt (2020b): *Die Treibhausgase*, verfügbar unter: https://www.umweltbundesamt.de/themen/klima-energie/klimaschutz-energiepolitik-in-deutschland/treibhausgas-emissionen/die-treibhausgase, abgerufen am 07.09.2022.

Umweltbundesamt (2022), *Emissionsdaten*, verfügbar unter: https://www.umweltbundesamt.de/themen/verkehr-laerm/emissionsdaten, abgerufen am 07.09.2022.

Vieweg, W. (2018), *Nachhaltige Marktwirtschaft – Eine Erweiterung der Sozialen Marktwirtschaft*, 2. Auflage, Wiesbaden: Springer Gabler.

von Carlowitz, H. C. (1713), *Sylvicultura oeconomica oder Haußwirthliche Nachricht und Naturmäßige Anweisung zur Wilden Baum-Zucht*, Leipzig: Johann Friedrich Braun.

Walsh, G./Möhring, M. (2014), Retourenvermeidung im E-Commerce – Kann Big Data helfen?, *Marketing Review St. Gallen*, 31, S. 68–78.

Walsh, G./Möhring, M. (2015), Wider den Retourenwahnsinn, *Harvard Business Manager*, 37, S. 1–6.

Wehking, K.-H. (2020), *Technisches Handbuch Logistik 1 – Fördertechnik, Materialfluss, Intralogistik*, Berlin: Springer Vieweg.

Wirtz, B. W. (2018), *Electronic Business*, 6. Auflage, Wiesbaden: Springer Gabler.

World Commission on Environment and Development (1987), *Our common future*, New York, NY: United Nations.

Wunder, T./Bausch, J. (2014), Strategierelevanz und Umsetzung ökologischer Nachhaltigkeit in der Ernährungsindustrie, *Ökologisches Wirtschaften*, 29, S. 44–50.

WWF Deutschland (2021), *FSC – Was ist das?*, verfügbar unter: https://www.wwf.de/themen-projekte/waelder/verantwortungsvollere-waldnutzung/fsc-was-ist-das, abgerufen am 07.09.2022.

Zimmermann, F. M. (2016), Was ist Nachhaltigkeit – eine Perspektivenfrage? In: Zimmermann, F. M. (Hrsg.), *Nachhaltigkeit wofür? Von Chancen und Herausforderungen für eine nachhaltige Zukunft*, Berlin/Heidelberg: Springer Spektrum, S. 1–24.

Zimmermann, F. M./Angel, H.-F. (2016), Soziale Nachhaltigkeit als Thema der Anthropologie. In: Zimmermann, F. M. (Hrsg.), *Nachhaltigkeit wofür? Von Chancen und Herausforderungen für eine nachhaltige Zukunft*, Berlin/Heidelberg: Springer Spektrum, S. 59–84.

The manufacturer's authorised representative in the EU is Springer
Nature Customer Service Centre GmbH, Europaplatz 3, 69115 Heidelberg,
Germany. If you have any concerns regarding our products, please
contact ProductSafety@springernature.com

Printed and bound by CPI Group (UK) Ltd, Croydon, CR0 4YY
28/04/2026
02098538-0005